理科大好き

生きる力が育つ授業

中村享子

一莖書房

目　次

理科専科になりました　7

〈そこにある自然に気づかせる〉　7
〈実験・観察は一人でする。道具を一人ひとりに準備できない場合には、グループ全員で順番を決めて一人ひとりが実験・観察をする〉　8
〈少ない予算〉　8
〈一人1台の機器〉　9
〈一人ずつの実験器具〉　11
〈実感を伴った理解──カイコを飼う〉　11
〈触れて感じるいのちの不思議といとおしむ気持ち〉　12
〈自分のカイコとして育ててこそ得られるもの〉　12
〈汚い？　臭い？〉　13
〈実験結果を大切にする〉　13
〈実験がうまくいかないグループへの指導〉　14
〈なぜ実験がうまくいかなかったか〉　16
〈各グループの結果をグラフにして比べる〉　16
〈1回の実験でも12グループの結果がまとまれば〉　17
〈恐竜の粘土で〉　18
〈二酸化炭素を水に溶かす実験〉　18
〈目を丸くする子どもたち〉　19
〈一人ひとりが実感〉　19
〈実感から考え合う〉　19
〈話し合い活動〉　20
〈理科の言語活動〉　20

〈予想を持つ〉　21
　　　〈学ぶとは〉　22
　　　〈予想の理由〉　22
　　　〈授業の流れ〉　23
　　　〈ファームで〉　24
　　　〈ワクワクする収穫〉　24
　　　〈喜び〉　25
　　　〈準備する〉　25
　　　〈実験を成功させるために〉　25
　　　〈一人の子どもの失敗から思わぬ展開に〉　27
　　　〈一人ひとりが出合う本物の自然〉　28
　　　〈身体を動かして遊ぶ〉　29
　　　〈ダイナミックな本物の自然〉　29
　　　〈追求する楽しさ〉　30
　　　〈学びたい気持ち〉　30

水や環境の学習 ……………………………………………………… 33

3年生の学習 ……………………………………………………… 33

　　　〈比べる〉　33
　　　〈身の回りの自然に触れる〉　33
　　　〈毎日観察する〉　35
　　　〈カイコは家畜です〉　39
　　　〈土に触れる〉　42

4年生の学習 ……………………………………………………… 43

　　　〈関係づける〉　43
　　　〈みつばち作戦〉　46

〈下山川の野鳥観察〉　47

5年生の学習　50

　　〈条件整理する〉　50
　　〈変える条件と変えない条件〉　51
　　〈調べたいことが「変える条件」〉　51
　　〈下山川の生物調査〉　54
　　〈自家受粉で受粉させる〉　58
　　〈どろんこ遊び？〉　59
　　〈「溶ける」とは〉　60

6年生の学習　63

　　〈推論する〉　63
　　〈「燃える」って？〉　63
　　〈体験から推論する〉　67
　　〈酸素を出している〉　68
　　〈水の通り道〉　68
　　〈土の中にも〉　69
　　〈地層見学〉　69
　　〈環境の学習へ〉　71
　　〈川の水質検査〉　71
　　〈人と環境〉　75

自由研究　80

　　〈目標〉　80
　　〈2008年の実態〉　81
　　〈授業の仕方を考え直す〉　83

〈2009 年の変化〉　85
〈条件をきちんとさせる〉　89
〈木原記念こども科学賞〉　90
〈神奈川県青少年科学作文コンクール〉　91
〈発表会〉　94
〈2010 年〉　95
〈朝会で〉　96
〈高学年の自由研究〉　96
〈キュリー夫人伝と福島原子力発電所〉　97
〈2011 年度〉　100
〈A 君とＴ君〉　102
〈2012 年〉　103
〈2013 年〉　112

電気単元のロボットの学習　SPP ……… 113
（サイエンス・パートナーシップ・プロジェクト）

〈一次募集〉　113
〈二次募集〉　113

2009 年度 ……… 114

〈２次応募採択〉　116
〈講座〉　116

2010 年度 ……… 119

〈めあて〉　121
〈講座の事前学習〉　121
〈教材〉　122

〈日程1日目〉 122
　　〈2日目の前に〉 123
　　〈2日目〉 124
　　〈3日目〉 130
　　〈追求する楽しさ〉 131
　　〈感謝〉 131

2011年度 133
　　〈はやぶさ〉 134
　　〈グループ分け〉 135
　　〈チャレンジコース〉 135
　　〈日程〉 136
　　〈振り返り〉 143
　　〈解決された課題〉 145
　　〈心構え〉 146
　　〈支援を受けて〉 147
　　〈今後は〉 148

2012年度 149

2012年度 151

2013年度 151

大切にしていること 152
　　〈理科専科として〉 152
　　〈話し合い活動に向けて〉 153

〈授業の評価〉　157
　　〈花を育てる〉　158
　　〈Ｐ君のこと〉　160
　　〈県青少年センターの研修で〉　162
　　〈え！　あれ！　の次にくるもの〉　164
　　〈授業のねらいが達成できなかった日〉　165
　　〈安全な学校生活〉　166
　　〈温度と体積〉　166
　　〈課題を解決しよう〉　167
　　〈課題解決の方法を考える〉　168

安　全　169

　　〈科学実験をする時に〉　169
　　〈生きていく力〉　170
　　〈安全な指導をするために〉　171

あとがき　173

理科専科になりました

　私は教師を定年退職してから、3、4、5、6年生の理科専科として、元勤務校に勤めています。5年生は、私が在職中の1年生の時に担任した子どもたちです。テストをすると、3人を残して合格点をとるというクラスになっていました。また、友達の考えをおもしろがって聞き合うというクラスです。5年生になっても学習態度が次々の担任の先生によって育くまれてきたことに感謝です。

〈そこにある自然に気づかせる〉
　「理科ぎらい」の子どもたちが増えていると言われています。なぜでしょう。それは、子どもたちが直接、自然に接することが減っていることに原因があるように思います。**本物の自然がすぐそこにあります**。子どもたちが、自然に直接触れ、気づいたことを大切にしていくこと、感じる心を持つこと――これが、理科大好きになるもとではないかと思います。
　レイチェル・カーソンはこう述べています。
　「もしもわたしが、すべての子どもの成長を見守る善良な妖精に話しかける力をもっているとしたら、世界中の子どもに、生涯消えることのない『センス・オブ・ワンダー＝神秘さや不思議さに目を見はる感性』を授けてほしいとたのむでしょう」（『センス・オブ・ワンダー』新潮社）

そこで、二学期からは、次のことを大切にすることにしました。

〈実験・観察は一人でする。道具を一人ひとりに準備できない場合には、グループ全員で順番を決めて一人ひとりが実験・観察をする〉
　役わりを決めて作業を分担した場合は、必ず全員が役わりを代わり合って行うようにする。こうすると、時間がかかりました。しかし、理科の時間にボーッとしていてもよいと考える子はいなくなりました。
　子どもたちは実験・観察をすることが楽しく、実験・観察をしたいという思いが強くなったようです。実験の前には各自、予想をノートに書き、その後には予想理由の話し合いを持つ。そうすることによって、これから行う実験の課題や方法がはっきりと自覚できるようになりました。「やらされる」実験ではなく、「意欲を持って実験に臨む」ことができるようになりました。結果と考察について話し合う活動も入れました。

〈少ない予算〉
　しかし、理科室の実情は、ビーカーが足りなかったり、メスシリンダーは目盛りが見えにくかったりで、子どもに合った道具をそろえる必要がありました。私の在職中の理科備品費、消耗品費の数分の１ほどしか、予算がありません。「理科ぎらいの子」が多いのは、子ども一人ひとりが行う実験に対応した予算額が少ないことも原因の一つであると思います。

〈一人1台の機器〉

　5年生の「メダカの誕生」の単元で顕微鏡の数が少ないために、順番待ちの時間が多くなってしまいます。他の子が調整した顕微鏡で観察しても、顕微鏡の扱いができるようにはなりません。そこで、顕微鏡は一人1台になるように準備しました。文科省の学力テストの結果を見ると、全国的な傾向として顕微鏡を正しく調整することができない傾向にあります。その原因は、一人ひとりが顕微鏡を扱ってないからだと考えられます。子どもたちは顕微鏡を覗いて、対象物を自分で拡大して像をとらえた時、喜びの声をあげていました。**自然の神秘に、自分の力で接近できた喜びです。**そういう時には私も一緒に喜びました。

【資料】

顕微鏡の操作の方法

（大日本図書・たのしい理科、5年）

①対物レンズをいちばん低い倍率にする。
　接眼レンズをのぞきながら、反しゃ鏡の向きを変えて、明るく見えるようにする。
②スライドガラスをステージの上に置き、見ようとするところが、あなの中央にくるようにする。
③横から見ながら調節ねじを少しずつ回し、対物レンズとスライドガラスの間をできるだけせまくする。
④接眼レンズをのぞきながら調節ねじを回し、対物レンズとスライドガラスの間を少しずつ広げて、ピントを合わせる。対物レンズや接眼レンズを変えて、倍率を変える。

①対物レンズの倍率を、最初にいちばん低くするということが、子どもたちはなかなかできません。なぜ低い倍率から高い倍率に上げていくのがいいのかを説明します。反射鏡で光を入れることをチェックさせます。
②見ようとする物を画面の中央に置くというあたり前のことがなかなかできません。拡大する必要があるのは、真ん中に見えている部分であることを説明しました。丁寧に指導することで、全員ができるようになりました。
③顕微鏡の型により、ステージがどう動くのかを、初めに確かめさせます。対物レンズとスライドガラスの間を狭くする時の自分の目の位置を意識させます。そうしないと、近づきすぎて割れてしまうか、レンズに物がさわってかびがはえる原因になります。初めは近づける、次に遠のかせる、次に両目で横から見るという手順を徹底させました。
④ピントを合わせる時は、接眼レンズを覗きながら、少しずつ対物レンズとの距離を遠のかせていって、調節するようにすること。倍率を変えるために、レボルバーをカチッと音がするまで回すことを意識させました。「見えない」と言っていたのが、カチッの音で解決することがありました。

　顕微鏡の操作はまず、小さな世界を見たいという意欲を持つことが必要条件です。見たいと思うことこそが大事で、それがなければ自分で操作方法を身につけていくことはできません。結果を知ることよりも、その結果に**到達できた喜びを味わう**ことが大切です。ま

た先生も一緒に喜ぶことです。共感して、「自然」に自らの力で挑戦したことを褒めてやることです。

〈一人ずつの実験器具〉

　指導要領移行期の６年生の学習で使う手まわし発電器や蓄電池は高額でした。数人に１台の実験器具では、実験の喜びから程遠く、我慢することや、友達とうまく間を持つことを強いるだけです。特に順番が回ってこない子どもたちに失望感を抱かせてしまいました。

　そこで、学校予算がないなら、次の年度は保護者負担で購入することにしました。値段が少し安くなっていました。電気の学習は個別に行うことが、実験の喜びの基になります。

　教科書が新しくなり、実験例が刷新されるに伴って、理科予算がつくことになり、備品を増やすことができました。

　全員の子ども一人ひとりのために実験器具や消耗品を準備したいという気持ちは、変わることがありません。

　理科ぎらいの子が多い原因の一つに、実感を伴った理解の欠如があるからです。

〈実感を伴った理解——**カイコを飼う**〉

　３年生に「昆虫の成長と体のつくり」の学習があります。その年から３年生は、一人ひとりが十数匹のカイコを自分の箱で飼うことにしました。カイコの箱は教室の自分の机の中やロッカーに入れておき、休憩時間にカイコにクワの葉をやりました。

　カイコが食べる様子を見ながら、「お母さんになった気分」と子どもたちは言っていました。

小さな卵から黒子が生まれ、フンをし、音をたててクワの葉を食べ、毎日毎日大きくなるカイコ。脱皮の最中を見ることもありました。カイコが上空を見て動きが少なくなり体が黄味を帯びてくると、繭を作る準備です。すかすかな繭が4、5日たつと厚くなり、カイコの姿が見えなくなります。二週間たつと成虫となり出てきて交尾をしました。オスとメスの交尾のエネルギーを見て「すげえ！」と見入っている子どもたち。
　その後、卵をたくさん産みます。

〈触れて感じるいのちの不思議といとおしむ気持ち〉
　子どもたちはカイコが変態する様子を間近に見て、いのちの不思議を感じ、いとおしい気持ちを持ちました。映像で昆虫の様子を見て学習した気分になっているよりは、よほど生物への愛育の心を育むことができました。映像を否定しているわけではありませんが、映像だけでは生きものへの心を育くむことはできません。
　小学校の理科学習では、生物への愛育の心を育てることが大切です。そこから、不思議だな？　どうして？　どうなっているの？等への道へとつながっていくのです。

〈自分のカイコとして育ててこそ得られるもの〉
　卵、幼虫、さなぎ、成虫と変態していく様子を2カ月かけて観察していきます。教科書を読むだけなら数分で済んでしまいます。先生が飼っているカイコを時々観察するだけでは、結果を知識として覚えていくことはできても、カイコはかわいいという気持ちは湧いてこないでしょう。カイコの背中の脈が動いていることも見過ごし

てしまうかもしれません。
　また、カイコが葉から移動する時、前方の足と後方の足の形や動きが違うことも見すごしてしまうかもしれません。**直接カイコに接し日毎に大きくなっていく力強さを感じることが、自然への畏敬の念をいだく基になり、探求する態度を育くんでいくのだと思います。**

〈汚い？　臭い？〉
　カイコを子どもたちに飼わせている学校は、この地区では少ないです。教室にはクワの葉が毎日落ちているし、教室中に生きものの匂いがしているのが２カ月も続きます。週末は家に持って帰り世話をしました。
　本校にクワの木はありますが、毎日瑞々しいクワの葉を準備するのは大変です。私は町中の数カ所のクワの木を探し、曜日により採る場所を変えて、朝、教室にクワの葉を届けました。
　理科の時間にクラス全員で、校庭のクワの葉を採りに出かけました。サクラの葉とクワの葉を間違えて採る子もいました。
　ついでに、ヒマワリの様子も観察しました。また畑に行くまでにイロハモミジの木の下を通るのですが、実がヘリコプターのような形です。親指と人差し指ではさんでねじると、落下傘のようにヒラヒラと落ちていきました。なかなか畑まで行くことができないのですが、イロハモミジの実に出合った偶然を楽しみました。クワの葉をそれぞれが採りながらクワの実も探しました。

〈実験結果を大切にする〉
　４年生では、自分たちの行った実験の結果を、グラフに表し考察

する学習があります。「すがたをかえる水」の単元のめあては次の通りです。

「グラフから、熱した水の様子についてどのようなことがわかるだろうか、話し合おう」、「グラフから冷やした水のようすについてどのようなことがわかるだろうか、話し合おう」。評価基準には、「水を温め続けた時の変化を安全に調べ、その過程や結果を表やグラフを使って記録している」ことが「おおむね満足できる」としています。

4年生は35人、12グループで1グループ3人で実験をしました。水を温めると温度は100℃近くまでいき、その後はあまり変化がなくなるという結果が、どのグループも出ました。

〈実験がうまくいかないグループへの指導〉

しかし水を冷やした場合に、「こおり初めから終わりまでの温度は0℃であり、その後温度が下がっていく」という結果にならないグループがあることを、実験中に机間順視していて見つけました。12グループ中、3グループです。理科の時間の終了間際でした。片づけを指示しながら、この3つのグループの子どもたちをどうするか悩みました。日頃、自分が行った実験の結果を考えることを大切にするように言っている私です。これを誤差の範囲内であるとするのか。いや、子どもたちは自分たちが時間をかけて実験したその結果が、採用されないとなったら、理科の実験への関心が薄れていくだろうと思いました。

そこで、うまくいかなかった3つのグループの9人を理科室に残し、今日の実験はどうだったのかの振り返りをさせました。Aグ

ループは3人で、時計係、記録係、温度チェック係と決めて始めたけれども、途中で温度計係が温度を正確に読み取っていなかったということでした。Bグループはビーカーに氷と水と塩を入れている間に、試験管の中の水がどんどん下がっていってしまったということでした。Cグループは、塩を試験管の周りにドサッと入れてしまったということです。

そこでAグループは係を替えること、Bグループは手際よく行うこと、Cグループは細部まで丁寧に行うようにすることにしました。

昼休みにもう一度やることにしました。でも子どもたちは理科室になかなかやってきません。呼びに行き、実験をしましたが、途中で休み時間終了のチャイムがなってしまいました。

次の日の20分休みに改めてまた実験をすることにしました。今度は自分たちでやって来ましたが、また時間切れです。次は、昼休みにやって来ました。0℃で留まることなく、そのまま冷えていってしまいました。

この実験は、大人の私が下準備をしても、慎重に塩を入れたり、氷を細かくしたり、水と氷の間を少なくしないとうまくいきません。そこで、担任の先生に「もう実験は強制しないから、来なくていいです」と伝えました。それでも、子どもたちはやると言って理科室にやって来ました。

4度目の正直です。4回目なので、各グループの手際がよくなってきました。お互いに声かけもしています。

クラスの他の友達も来て、応援しています。実験は3グループとも成功しました。その日、担任の先生に「できたあ！」と報告があったということでした。

〈なぜ実験がうまくいかなかったか〉
　この9人の子どもたちは、テストはできる子もいましたが、日頃、実験にあまり手出しをしないか、または、話をきちんと聞いていないか、自分一人で何かをすることが少ないのではないか、と思える子が多くいました。
　しかし、それでも、**全員参加をめざしている**私としては、実験を成功させたいと思ったのです。
　全員が自ら実験した結果を手に入れることができました。教科書に載っている結果ではなく、**実際に実験した数値を見て考察する**ことができたのです。

〈各グループの結果をグラフにして比べる〉
　水を加熱した後のまとめは、各グループの結果をそれぞれグラフにします。グラフについては、算数で棒グラフ、折れ線グラフについて既習しています。
　しかし、半数位の子どもたちが、縦軸、横軸に、等間隔に点を打ちグラフを作るということができませんでした。また縦、横のぶつかったところにプロットすることや、自分たちのグループが観察をしなかった時刻は抜かしてプロットすること等ができません。
　そこで、水を加熱した場合の結果の数回を提出させ、私の方で12グループの結果をグラフに作っておきました。当日は、プロジェクターを使い、各グループのグラフを一つひとつ見ながら学習しました。各グループは、自分がノートに書いたグラフとスクリーンのグラフを見て、正しく書けているかを見極めました。他グループ

は、結果が自分たちのグループと異なることを見つけました。その日は校長さんがプロジェクター係を申し出てくれており、スクリーンに子どもたちの発言内容が文字としてうち出され見ることができました。それが、まとめの学習につながりました。

〈1回の実験でも12グループの結果がまとまれば〉

　12枚のグラフを重ねて写すと、水の温度変化の傾向がはっきりとわかりました。まとめの段階では機器を使うと全体像が見えて考察しやすくなるので、なるべく活用した方がよいと思います。理科では同じ実験を何回も行うことが必要であり、その平均を見て考察することが大事であると、私は常々言っています。今回は自分たちは1回の実験結果をグラフにしたけれど、このクラスとしては、12回実験したことと同じであることを話し、自由研究をする場合でも、1回きりでなく何回も実験をすることの大切さを話しました。

　次に、水を冷やしていく場合の実験結果は、電子黒板を使い、各グループのグラフと12枚のグラフを重ねたグラフを見て、学習をしました。子どもたちは縦軸、横軸のプロットなど、グラフを書けるようになっていました。机の上だけの理科でなく、**各自がそれぞれの実験結果をグラフにして、それをもとに考察するという学習**ができました。

　理科の学習の前に算数で学習してできるようになっていてほしいと、私は思っていましたが、子ども側に立ってみれば、算数の学習と理科の実験で繰り返し学習して、初めてグラフが書けるようになるのだと考えるようになりました。

〈恐竜の粘土で〉

　グラフと同じようなことが、3年生の「おもさとかさ」の単元でもおこりました。算数と理科の教科書会社が異なるため、重さの学習について、算数の単元が理科の単元とシンクロしていないのです。ですから、理科の時間にはかりを使って、100g、10gなど、数直線の読み取り方を2時間かかって学習しました。粘土で150gの大人の恐竜を作りました。恐竜は寝ても立っても形が変わっても150gの重さは変わらないということを子どもたちはわかりました。

　次に〈大人の恐竜から4頭の子どもの恐竜になりました〉という設定で、粘土を作り変えました。粘土150gなら、小さい恐竜4頭でも、150gでした。4人で1台の台ばかりを使いました。いろいろな恐竜ができました。ぎょうざ恐竜やテラノサウルス恐竜というグループもあり、一見すると何の学習かと思える光景でしたが、まとめで、子どもたちは口々に「形が変わっても、重さは変わらないんだね」と言っていました。楽しい時間でした。**楽しいからこそ理科の時間です。**

〈二酸化炭素を水に溶かす実験〉

　6年生の「水溶液の性質」の単元で気体は水に溶けるかどうかの、学習があります。実験の仕方は、炭酸用のペットボトルに水を満杯にして、口を下にして水を張った水槽に立て、二酸化炭素をボンベから送り込みます。すると、ペットボトルの中に泡が浮いてきて、上部に気体が増えていきました。水中でペットボトルにふたをして、水槽から取り出します。

　子どもたちは一人1本のペットボトルを持って来ていました。こ

れを振り混ぜると、ペットボトルがへこみ始めました。

〈目を丸くする子どもたち〉
　「ええっ！」という声があちこちから起こりました。自分の手の中のペットボトルの中で起きていることを感じて、目を丸くしているのです。どうしてこんなことが起きたんだろうと、それぞれが夢中で話しています。目に見えなかったことが見えるようになったことに驚いています。
　順番待ちで後になってしまった友達の実験の様子を、固唾を呑んで見ている目、目、目。「な、そうだろ」「本当だ」一人１本のペットボトルで実験したことがよかったのです。

〈一人ひとりが実感〉
　水槽や二酸化炭素のボンベは１グループ１個ずつなので、グループ実験のようになっていますが、一人ひとりが自分の実験結果を実感できました。どうしてこうなったのだろうか、それぞれがノートに書きました。二酸化炭素がボンベから送られてきた時に泡が出たのを見ていた子は、ノートに二酸化炭素を丸の形で表現していました。振った後の絵では、その粒が水の中に混じっていました。振る前と後では水位が違っていたという子があらわれました。

〈実感から考え合う〉
　そこで、各グループが、今度は水位に気をつけて再実験することになりました。これは、ペットボトルがへこんだため、水位が上がったように見えたのだという考えに至りました。

気体の占める部分が減少したのは、水の中に二酸化炭素が溶けたのかもしれないということで確かめることにしました。二酸化炭素があれば、石灰水と反応して白濁するはずです。また、リトマス紙が変化するはずだし、温めれば泡が出てくるはずです。やってみました。二酸化炭素の気体がペットボトルを振ることにより水に溶けたことが実験からわかりました。**一人ひとりが実験をして、えっなぜ？と思う瞬間を大切にしたからこそ実感を伴って、考え合うことができたのだと思います。**

〈話し合い活動〉
　これと同じ学習のところを、他校で授業参観をしたことがありました。実験は教卓で先生が行って周りで子どもたちが見ていました。その後で、粒子についての話し合い活動をしていました。
　その日の授業提案は、「見えない物について話し合わせる」ことにあったようです。確かに、そこのクラスの子どもたちは話し合い活動をしていました。話し合いは大切です。考えを表現することは大切です。しかし、これでは理科好きの子どもは生まれないと思いました。少なくとも、私の教えている学校の子どもたちは、このような流れの学習では脳や心は反応しないと思いました。

〈理科の言語活動〉
　最近、「言語活動」の充実や大切さが提唱されていますが、理科の場合の言語活動は、子ども自身が「自然」に直接触れた時にこそなされる活動だと思います。少なくとも私の教えている子どもたちは、教師の実験を見ただけで課題を把握するのは難しく、その後

の話し合いに参加する意欲の起きない子どもたちが多いと思います。理科教育で大切なことは、「子どもが関心と意欲を持って対象と関わることにより、自ら問題を見い出し以降の学習活動の基礎を構築することである」と、指導要領の解説にも書いてあります。理科で一番楽しいはずの「実験」を、教師の実験を見せることで終わらせてしまうのは、もったいないです。

理科の学習は、子どものすでに持っている**「自然」についての見方を、少しずつ科学的なものに変容させていく過程**であり、それは、実験・観察などの活動を通して構築されるのです。ただ単に簡単な実験装置を組み立てる時でさえ、構想、想定、技能等をフル活用しなければなりません。創造性や発想が必要なこともあります。子どもが自分の手を使い、対象へ働きかける大切なチャンスが実験・観察なのだと思います。

〈予想を持つ〉

4年生の「水を冷やした時の温度変化」の学習では、実験の前に予想の理由を話し合う学習をしました。まず、自分の予想とその理由をノートに書きました。「書いた人は立ちなさい」と言うと、バラバラと立ってきました。「先生は指名しないので、友達の発言を聞いて、話が続くように発言してください」と言いました。ほとんどの子どもが自分の予想を言いました。

指名なし発言は大変難しく、友人関係がうまくいってないクラスでは、「間」を上手に自分たちで図ることができません。友達を無視して発言するので、ごちゃごちゃになってしまうのです。4年生は自分たちで「間」を取って、発言を続けていくことができました。

私は黒板で発言を整理していきました。友達の発言内容について、子どもたちは自分が言いたいことや質問をしました。予想は、

- A　水の温度はどんどん下がっていく。
- B　水の温度は加熱した場合に100℃近くでそれ以上変化しなかったから、今度もある温度より下がらない。
- C　水は氷っている時、氷り終わるまで0℃で、その後下がっていく。

の3つにしぼられました。

〈学ぶとは〉

　自分の予想はどれなのかはっきりとさせます。日頃から私は、子どもたちには結果が予想と同じにならなければいけないとは言っておりません。結果が予想と違った場合は、そうだったのかと考えればよいし、結果が予想と同じ場合は、自分の考えが正しかったのだと認識すればよいし、自分の考えを変容、深化させていくこと、これが「学ぶ」ということであると、何度も話しています。**自分の考えを持つことが大切**であることを子どもたちはわかり始めています。

〈予想の理由〉

　グループで話し合う場合には、司会を決めて、司会が次々と指していくようにしました。異なった意見は一つにまとめなくてよいので、どこが違うのかをはっきりさせて、それを発表すればよいということにしています。

発表する時には、少し上を向いて、遠くに声が届くようにと言いました。また、子どもが発表する時の先生の立つ位置も留意します。子どもたちは、先生に聞かせようとするので、発表している子どもの一番遠くに立つように気をつけます。そうすると、子どもの声は、自然に大きくなります。聞いている子どもたちには、うなずくか拍手をするか同意を表現することを、習慣がつくまで言っていきます。
　単元の終わり頃では、予想の理由が「なんとなく」ではなく、前の実験でこうだったからと規則性を見い出すような発言を誉めるようにしていきます。関係づけや比較や推論ができるようになってくると、その単元のねらいが達成できてきたなと私は一人ほくそ笑みます。単元が終わった時に、子どもたちがその規則性について、きちんと説明できるようにしていきます。

〈授業の流れ〉
　一つの実験の流れは次のようにしていきます。
　①一人ひとり、自分の予想を持つ。
　②予想の理由を全員で話し合う。
　③予想の変更をしてもよい。
　④実験を一人ひとりが行う。
　⑤結果はグループで確認し合う。
　⑥考察は、一人ひとりが行い、その後、全員で話し合う。

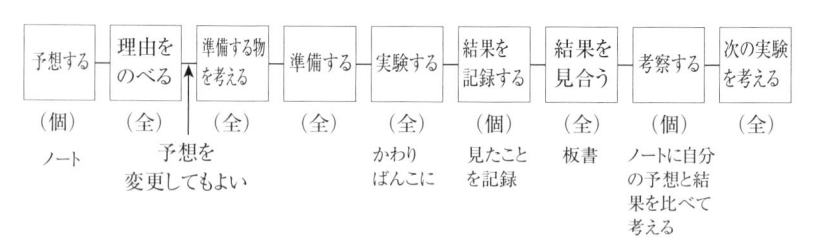

予想する	理由をのべる	準備する物を考える	準備する	実験する	結果を記録する	結果を見合う	考察する	次の実験を考える
（個）	（全）	（全）	（全）	（全）	（個）	（全）	（個）	（全）
ノート		予想を変更してもよい		かわりばんこに	見たことを記録	板書	ノートに自分の予想と結果を比べて考える	

〈ファームで〉

　３、４、５、６年の理科では、〝ファーム〟（校庭のはじの６アールの畑）で、野菜を栽培しました。春には、ケチャップの会社からいただいたトマトを初め、サツマイモやダイズを植えました。３年生はヒマワリ、ホウセンカ、オクラ、ラッカセイ、４年生はゴーヤ、カボチャ。晩秋には全校でタマネギを植えて、畑に雑草がはえないようにしました。５年生は冬にジャガイモを植え、次の学習に備えました。野菜を植える時には、子どもたちが畝を作り、ビニールでマルチを張り、間隔をとって苗を植えるようにしました。６年生ではリーダーを中心に活動します。３、４、５年生は、私の指示のもとに作業をしていきました。

〈ワクワクする収穫〉

　クラスに何人かは家庭で野菜栽培を行っているのを見て、畝作りを知っている子どももいます。またタマネギを収穫している時に、「こういうことが好きなんだ」と言っている子どもがいました。聞けば、タマネギが大好物ということではないけれど、収穫をする時にワクワクするというのです。こんな言葉を聞くと、学習の前に畑を耕しておく私の苦労もふっ飛んでしまいます。

〈喜び〉
　実は、この畑の場所は以前は高さ2m程のススキ野原でした。冬になって枯れた頃、ススキの根を掘り起こし、石を片づけて、徐々に畑にしていった所です。しかし、3年目に、サツマイモが病気になりました。5、6本が接合して1つになるイモばかりです。原因は不明です。またダイズは味噌や豆腐やきなこにしました。トマトはピザやジャムになりました。6アールの畑はすぐに草ぼうぼうになってしまいます。でも、体を動かして野菜を作り、それを収穫し食すという人間の営みの喜びを子どもたちが感じられるなら、固い土を耕耘することもがんばれるというものです。

〈準備する〉
　理科の時間には五感を活用して、体験を通して「学ぶ」というプロセスを大切にしてきました。3年生の太陽の光の学習の最後には、ソーラークッカーを使いました。その頃、テレビでソーラークッカーのことを報じていたので、すぐに取り寄せました。備品カタログでなら1台4万円位するので手が出せませんが、千円弱で購入することができました。ソーラークッカーは常に、太陽の方向に向かせなければなりません。9時半、10時半、11時半、12時半、1時半の休憩時間に向きを変えに来たグループの水はお湯になり、紅茶を飲むことができました。また、卵は温泉卵ふうになっていました。太陽光の活用を実際に体験する機会となりました。

〈実験を成功させるために〉
　3年生の地面の温度変化の学習の時には、温度計を設置した場所

がその内に日陰になってしまって、温度と時間の変化をとらえることができないグループがありました。太陽の動きと影の動きの学習をした後、影が時間と共に西から北を通り、東の方へ移動することを考えて場所を決めました。影が一日中できなくて、しかも休み時間に遊んでいる人の邪魔にならなくて、その上、装置が風に飛ばされないような場所を、それぞれのグループで探して実験・観察を行いました。4日間毎日やって、やっと成功したグループもありました。天気が快晴の日ばかりではないので、全員の結果が出るように、声かけをしていきました。

　理科室のような条件の整った場所でなく、校庭で観測する時には、事前の条件設定をしっかり子どもたちに把握させないと、成功しません。授業時間は限られており、失敗が続くと、子どもたちは自信を失くしてきます。子どもたちが行った実験・観察の結果を大切にして結論を導き出すには、**入念な指導計画が必要**であることを、子どもたちから教わったような気がしました。

　子どもたちに教える時、どういう状況設定にするか。これは悩みでもあれば楽しみでもあります。どういう言葉で投げかけるかも大切です。だいたいは週末に次の週案を考えます。土曜日に考えたことも、日曜日には修正案が浮かんできます。そして授業をする日の朝はドキドキ緊張気味です。なぜならその日の授業に子どもたちが入り込めないと、その次の時間にはモチベーションが下がってしまうからです。また実験した結果の印象を拭い去ることはなかなか難しく、子どもたちが実験を失敗することは許されないと思っています。

〈一人の子どもの失敗から思わぬ展開に〉

　3年生の「磁石の力」の学習の時に、校庭で磁石につく物があるかどうか調べに行きました。磁石は鉄棒につく、砂場の砂がつく等と言っていた時に、コンクリートの上に磁石を落として割ってしまった子がいました。泣き顔です。でもその後に磁石を拾って、元の形に戻そうとしている時に、「あれ、磁石は割れても磁石だよ」と言っていました。

　すると、他の子どもたちも、コンクリートにわざと落として、割っていました。割れない子どもたちは、教室に帰ってから、ゴム磁石をはさみで切ってみて、確かめました。外で最初に**磁石を割ってしまった子はその日の英雄**です。その後、磁石を粉々にした子がいました。それでも磁石は磁石でした。**遊びながら、「え！　すごい」と言いながら学んだ磁石の力**でした。私はと言えば、形が小さくなっても磁石であることをどこかで学習させなければいけないと考えていたので、よいチャンスでした。こういう偶然をチャンスに変えるには、学習内容をきちんと計画の中に準備していることが必要です。

　4年生の月や星の学習には、日程設定に気を使いました。月が昼間見える日はいつなのかインターネットで調べておきました。しかし、当日、理科の時間に曇ってしまって見られないことが度々ありました。そういう日のために、授業は晴れバージョン・晴れ以外バージョンで考えて計画をしていました。

宇宙の学習は本やインターネットでも行いましたが、それでは、宇宙の大きさや、気持ちよさは子どもたちには伝わりません。実際に観測してこそ意味があるのですから、学習を年間計画の実施月に合わせることはありません。

〈一人ひとりが出合う本物の自然〉
　4年生で初めてアルコールランプを使う実験が出てきます。アルコールランプの運び方やふたの置き方等に注意をすると共に、マッチを擦ることができるようにならなければなりません。まず、マッチ棒の持ち方です。こわがっている子の多くは棒の上の方を軽くにぎっている場合があります。こわいと、擦った後に火のついたマッチ棒を投げてしまう場合もありました。「こわいと思うから火もつかないし、火がついても投げてしまうので、落ちついて、火をつけるという気持ちでやること」を、目を見ながら話しかけると、次からはやる気充分で臨んできました。

　火をつける練習は、1時間かけて、代わりばんこに繰り返し行いました。マッチを擦る者と、アルコールランプのふたをとる者はタイミングを合わせて行うことを徹底させました。実験のためにアルコールランプを使う時には、代わりばんこにマッチをするようにさせました。4年生が終わる頃になると、全員がマッチを擦れるようになりました。水を加熱して水の温度変化をみる実験をする頃には、朝私が学校に行くと、「先生、今日の理科は何するの」と楽しみにしているような子が増えてきました。

　火というエネルギーに目覚めさせてしまい危険な遊びをする子も出てきたこともありました。家に帰ってからライターで火遊びをし

た子がいたのです。ですから、マッチの学習を始めたら、家庭へのお知らせを出して、注意をするようお願いするようにしました。

〈身体を動かして遊ぶ〉
　５年生に川の動きの学習があります。校庭の隅の築山に行って、一人１本のシャベルを持って、グループで溝を掘り、上の方からバケツで水を流し、川の水がどのように流れるのか考え合いました。自分たちで作った「川」は、どろんこ遊びの延長です。２時間はあっという間に過ぎました。川の曲がり角では、内側と外側では流れの速さが違うこと、水が流れていくと、「上流」でけずられた土が運ばれて、「下流」にたまっていきました。「浸食」「運搬」「堆積」の川の水の働きを見ることができました。「洪水」を防ぐために「ダム」を作ったり、「堤防」を作ったグループもありました。子どもたちは、友達と組んでどろんこ遊びをする機会が少ないことも確かですが、体を使って学習するのが楽しいと言っていました。

〈ダイナミックな本物の自然〉
　社会見学で箱根に行った時には、中流の河岸に降りて、魚道や、石の大きさ等の観察を行う時間を設定しました。また、学校の近くの川に行ってみると、川の曲がっている内側に土がたまっていました。笹舟を流して、水の流れを見ました。築山の「川」づくりも楽しかったですが、実際の川の観察をすることも大切です。自然の河のダイナミックスを感じることができました。この時、カワセミに４度も出合い「見た？」「見た！」と子どもたちの歓声が上がりました。

〈追求する楽しさ〉
　５年生の「もののとけ方」で、溶解度が物によって異なることを調べる学習があります。塩やほう酸の溶解度をグラフにした後、砂糖の溶解度を調べました。家庭で紅茶を飲む時に、相当、砂糖を入れても溶けることを体験的に知っている子どもたちですが、塩の溶解を先行して実験しているので、砂糖の溶解の実験は「まだ溶けるのかな」と言いながら、砂糖の重さと水の温度を測りながら表を作り、グラフを書きました。グループ間の競争になりました。
　先生が指示したから次へいくということではなく、自分たちで次々と追求していく楽しさが理科室に満ちていました。溶解を理解すると共に理科の楽しさを味わうことができました。

〈学びたい気持ち〉
　「ふりこの動き」の学習では、３人でグループを組みました。ストップウオッチ係、ふりこ往復数を数える係、ふりこの球を放す係をグループ内で分担しました。10回行った実験の平均値を計算器で算出し、それぞれのグループが結果を黒板に書いていきました。全員がそれぞれの活動をし、最後に黒板に書かれた12グループ全部の数値を見ると、結論が明らかになりました。全員が自分たちの出した結果である黒板の数値を見て、満足をしています。子どもたちは、何をやればよいかわかれば、めあてに向かって、真面目に学習をしていきます。**子どもたちは学習の時間には、「学びたい」と思っているのです。**実験がいいかげんになるのは、テーマがはっきりと、子どもたちにとらえることができないからです。

６年生の、「体のつくりとはたらき」の学習で、魚の解剖をしました。学校から１時間先の港に行って、人数分の魚を購入しました。内蔵の大きいコノシロか、小サバを手に入れました。小学生が使うと知ると、魚屋さんはたいていおまけをしてくれました。子どもたちは解剖をするのには、気おくれしてキャアキャア言っていました。でもそれは最初だけで、解剖しながら「これが本当の勉強だ」と言いながら真剣に解剖していました。まだ形が残っている小魚が入っている胃や、ピンセットで伸ばすと長いひものような腸、細心の注意で取り出したうき袋など、おどろきの連続です。

　教科書にあった図は、本当にその通りであったこと、しかし、最後には、自分たちの学習のために命を見せてくれた魚たちに感謝して、この日の学習を終わりました。休み時間に珍しく、「先生、今日はありがとうございました」と、通りすがりに声をかけてくれる子どもたちがたくさんいました。よほどうれしかったのでしょう。**本物に触れることが大切**なのです。

　本物と言えば、地層の学習では、バスに乗って、地層の見える御用邸岬小磯に行きました。教科書で説明がある地層を、自分の目で見ました。その気になってみると、地層はいたるところにあることに気づいた子どもたち。実際の自然から、自分に必要な情報を切りとって、「学ぶ」ことをしていました。

　私の理科授業に関する考え方を要約すると、次の通りです。
　１．実験・観察は一人ひとりが行う。
　２．理科備品・消耗品の予算を増やす。
　３．一人ひとりの子どもが自分の考えを持つ時間を設定する。

4．クラスの全員が発言するようにさせる。
　　考えを互いに聞き合う授業の展開を考える。
5．テーマ・予想・理由・方法・結果・考察を、はっきりとらえ
　させる。
6．体験から理科へという「学び」のプロセスを大切にする。

水や環境の学習

　大気と水の中で酸化還元を繰り返す星、地球。そこで生きている私たち。水は地球上をめぐっていますが、水が人間や人間の生活を通過した後、水が汚れているのが現状です。この希有の「水の星」で、めぐる水を中心にして授業をしていくことにしました。しかし、別に特別なことをしたわけではありません。「めぐる水がいつまでもきれいな水であるためには」と考えた授業です。かけがえのない地球、かけがえのないいのちを大事にしたいからです。

３年生の学習

〈比べる〉
　１年生の理科は生きものの学習から始まりました。「比べる」ことを意識させました。「……と……を比べると……です」という文になるように考えさせました。

〈身の回りの自然に触れる〉
　４月の校庭には、たくさんの草花が咲いていました。教室で、最近見た草花の名称を聞くと、タンポポやナズナの名が上がりました。他の名称はなかなか出てきません。そこで、副読本「葉山の自然に親しもう」を一人１冊ずつ子どもたちに渡しました。すると、「見

たことがある草花がある」と口々に言っていました。副読本と虫めがねと温度計を持って、校庭に出てみました。甘い蜜のあるホトケノザやヒメオドリコソウ、黄色の花でもよく見ると違いのあるタンポポやノゲシやオオジシバリやオニタビラコやジシバリ、青い星のようなオオイヌノフグリ、小さい豆がついているカラスノエンドウ、匂いのあるキュウリグサ、服につくヤエムグラ等をそれぞれ見つけることができました。

　野原で花を摘むのは気持ちがいいです。靴が動くたびに草いきれがします。それだけでなく、本を見ながら、自分の摘んだばかりの草花の名称を自分で本で調べて「学ぶ」ことが、うれしい様子です。外で集合して、各自が摘んだ草花を見合いました。ホトケノザとヒメオドリコソウの違いを発言する子がいたり、今までタンポポと思っていたのがノゲシであったという子がいました。「オオイヌノフグリは、とってもきれい」、「ヤエムグラはくっつくために毛がはえているんだ」等、たくさんの発見がありました。

　職員室の後ろのフェンスのそばの日あたりのよい所には、校庭のタンポポとはちょっと違うタンポポが咲いていました。副読本を見ると、カントウタンポポであることがわかりました。総ほうがそり返っていません。なぜセイヨウタンポポは校庭にあって、カントウタンポポはあまり人がいない所にあるのかを話し合いました。その後、教室に帰って、摘んできた草花を横に置いて色えんぴつでスケッチをしました。スケッチをしながらよく見ると、さっきまで見過ごしていたカラスノエンドウのつるの様子もよくわかってきました。

　そして、折った新聞紙に、草花を入れ、厚い本をその上に置いておし花を作ることにしました。2カ月後に、しおりにしました。「理

科って楽しい」と子どもたちは言っていました。**見ようと思えば身近な自然から、学ぶことがたくさんあります。**先生のことばからの他に、自らが本を開いてわからないことを調べたり、友達の考えを聞き合ったりして、自分の考えをはっきりさせていくことも、「学ぶ」ということであることを子どもたちは知ったようでした。また、外に出て４月の日ざしの中で勉強時間を過ごす幸せを感じ、自然っていいなあという心持ちになったようでした。

〈観察ノート〉

花がむらさきと、ピンクがある。
葉っぱのうらのほうがうすい。

見つけた物（カラスノエンドウ）2012年４月17日　花がむらさきと、ピンクがある。葉っぱのうらのほうがうすい。

〈毎日観察する〉

　４月後半に、花の種をまく学習をしました。ホウセンカとヒマワリの発芽やふた葉の様子を毎回観察するために、給食の牛乳パックを鉢にして、種をまいて、教室の窓辺に置いておくと、人数分の28通りの発芽がありました。花壇で育て、先生が声かけした時だけ観察するという方法よりも、自分の花というイメージを強く持つことができたようでした。ヒマワリの芽はチューリップよりも短い期間で芽が出たと、子どもたちはチューリップとヒマワリを比べて

いました。ホウセンカはヒマワリより更に短い期間で芽が出ました。

　ヒマワリの種子をまいた牛乳パックは、発ぽうスチロールの箱に入れ、大きめのビニール袋をかぶせ温室状態にすると、2、3日で発芽しました。ホウセンカの種も同じようにしました。ヒマワリは本葉が5、6枚出た頃に、ファームに移植しました。一人1本ずつ、50cm位離して植えました。日直になった人が水やりをすることにしました。
　オクラとマリーゴールドとホウセンカの種を、花壇にまきました。ホウセンカは一人ひとり8号の鉢に移し変えて、毎朝、各自で水やりをすることにしました。

　5月の中旬に、申し込んでいたカイコの種がシルクセンターから届きました。そこで、イチゴパックの箱に紙を敷き、一人10粒のカイコの卵を子どもたちに渡しました。これから子どもたち一人ひとりが、机の中やロッカーで飼うのです。週末には家庭で世話をします。2、3日後に、卵の色が黒っぽく変化し、けごが出てきました。虫めがねで見ると、殻も見えました。いよいよ、クワの葉を毎日やる時がきました。
　初めは、クワの若葉を細かく切ってカイコにやりました。クワの葉がすぐ乾燥してしまうので、新しい葉に取り替えると、その時に小さなカイコも一緒に捨ててしまい、数が減っていってしまう子も出てきました。
　実は先生用に黄色の繭になるカイコを飼っていたので、数が少なくなった子にはそれをあげました。後で繭の色を見たら、ほとんど

の子どもたちの繭が黄色でした。ということはほとんどの子どもが小さなカイコを葉と一緒に捨ててしまったようです。最初に渡したカイコは白い繭ですので、いかにカイコの小さい頃の飼育が難しいかがわかります。

いちごパックの中がいつも湿っているように、敷いた紙を湿らせ、もう一つのいちごパックをふたにしました。自然界のカイコのすみかは、葉がたくさんあり湿っていたはずだという意見に賛同して、霧吹きを持って来る子も現れました。カイコが小さいうちは、一週間位、葉の裏側もよく見て、しおれた葉を捨てるようにしました。

教室に行くと、クワの葉があちこちに落ちており、生き物の匂いが漂っていました。毎朝、新鮮なクワの葉を、校庭から取って来る子のカイコと、ほったらかしの子のカイコは、だんだん、大きさに違いが出てきました。登校時にクワの葉を摘んで、大事そうに持って来る子もいました。理科の時間は、カイコの世話だけで終わってしまう日が続きました。でも、これでいいのです。

昆虫は姿を変えて成長していくという知識なら、本を読んで知っている子どもたちは多いですが、自分のカイコとして、ふにゃふにゃな小さな幼虫を世話しながら、「生きている生き物」を感じることこそが大切なのです。

〈一人ひとりのカイコのかんさつノートから〉
・うんこが出るしゅんかんを見れた。
・今日、カイコを見たらまゆをつくっていました。でも、はじっこにつくっていました。
・カイコに歯はあるのかな。

- とうとうまゆになりました。もうすぐまゆがかんせいします。
- カイコが脱皮したからうれしかったです。脱皮中のカイコから目がはなせませんでした。
- ちっちゃかったカイコがでかくなっていました。
- 何分見ていてもかわいいです。大きくなりました。
- カイコがおしっこをして脱皮をしておもしろかったです。
- カイコはうんちをする時、おしりがひらいて出てくる。
- カイコって女と男の違いを見てみたいなあ。
- おしっこって脱皮のサインなのかまゆのサインなのかな。
- なんで大きくなるとおしりのところにとげがはえてくるのでしょう。
- 脱皮をする時、首をあげて、おしりから脱皮のあとが出てきました。
- カイコはうんこがピーマンみたいでした。
- まぶしを作った。本当にカイコがこの中でまゆになってさなぎになるのかな。ちょっとふあんです。
- カイコがくきわたりをしているところがすごくおもしろかったです。
- カイコがせなかにうごく黒いしんぞうみたいなものをうごかしていた。
- 明るいほうくらいほうどっちが好きなの。目見えるのかな。
- カイコが大きくなりました。かわいくてうれしかったです。小さいのと大きいとはどういう違い？
- カイコはなんでクワの葉しか食べないのかなと思いました。
- なんでカイコは脱皮をするんだろう。

・カイコもクワの葉を食べると太るんだと思いました。
・カイコはまゆからなん日たつとがが出てくるのか。
・カイコはまゆを作る時にてんじょうを作ってからまゆを作っていました。カイコはなんでてんじょうから作るのだろう。
・うんちとおしっこどっちもするんだ。
・朝脱皮のからがありました。
・大きくてかたいクワのはと小さくてやわらかいクワのははどっちが好きなのかな。
・よく見るとあおいところがうごいて見えます！
・アゴの下に白いアゴみたいなものがあってそこに口があります。
・どうしてちょっと糸をつくってまたやめたりするか。
・アゲハのようちゅうもいろんなようちゅうがさなぎになるんだ。
・クワをカイコの口もとにちかづけた。すこしだけ白っぽくカイコがなっていった。
・何で脱皮をする時はかたまるのって思いました。
・クワの葉にいっぱいあながあいていました。いっぱい夜のあいだにたべたんだなあと思いました。

〈カイコは家畜です〉

　「ウンコした！」と、大発見の子。そうなんだよ。生き物は、食べて、ウンコをするんだね。自分がトイレでウンコをしたことなど、友達には内緒にしているのに、カイコがウンコをすると、人に知らせたくなるんだね。「勉強の時には席に座る」ことなど忘れて、カ

イコの世話をする理科の時間には、友達にカイコの様子を知らせたくて、あちこちで輪ができていました。私もそれがうれしくて、一緒になって、「かわいいね」と会話の輪の中にいました。

　カイコが脱皮を始めると、その周りに子どもたちが集まってきました。それでも見えない子どもたちのために、カイコにカメラを向けてテレビにつなぎました。リアルタイムのカイコの映像と実際の動きを見ながら子どもたちは、教室中でカイコの脱皮を歓声を上げて喜びました。体が黄色っぽくなって上の方を見てじっとしていることが多くなった頃、まぶしを作りました。カイコが繭を作るのです。繭を作り始めて、数日たつと姿が見えなくなりました。1週間位たったら、できた繭の半分ほどは冷凍庫に入れました。2学期の糸取り用です。カイコは家畜であり、人間の生活に役立つように改良されてきた生物であることを説明しました。が、冷凍するということは、今までかわいがって世話をしてきたので、なかなか心を切り替えるのに、苦労している子どもたちが多かったです。

学級だより「カイコだより」
　カイコは一生の間に卵→幼虫→さなぎ→成虫と完全変態します。幼虫は桑の葉を食べて育ち、4週間位まで繭を作ります。4～5日後にその繭の中でさなぎになります。さなぎは10日～15日ほどで成虫となり、繭から出てきます。交尾後1頭の「メスガ」は500粒ほどの卵を産み、4～7日位で死んでしまいます。

　法律が廃止となり、カイコの成虫に卵を自由に産ませること

ができるようになりました。しかし、この卵を使って飼育しない方がよいのです。なぜなら、カイコには小胞子虫のノゼマ・ボンビスという病原体の病気があるからです。一回この病気が発生してしまうと、毎年この病気が発生してしまいがちです。人間にはかかりません。カイコは長い間、人間によって品種改良されてきたので虚弱体質になっています。
　検査済みのカイコ種を入手して、安心してカイコの観察飼育をしていきたいと思います。

　尚、理科の学習では、昆虫の一生を観察する学習のために、各自数匹は成虫まで飼育します。あとは、繭の時に冷凍して2学期になってから、養蚕の目的である糸を取ります。ですから1学期の終わりから繭を理科室で保存します。先にある理由から二回目の卵から成虫への飼育はいたしません。

　あとの半分の繭は7月の中旬、成虫になり交尾をし、たくさんの卵を産みました。それらは回収して、箱ごと私が燃やしました。最後に振り返りをしました。それを読んで私は子どもたちから幸せな心を受け取りました。

作文〈カイコさんへ〉
　カイコさんのおかげで、いのちの勉強ができました。ぼくたちのために2カ月生きてくれてありがとう。ガはメスとオスをどうやって見分けるのかもわかりました。いのちって、ほんとうに大切なんだなと思いました。これから自分のいのちを大切

にします。

〈土に触れる〉
　6月の初め、地域の方が、拾ったコナラとクヌギから育てた苗を数百株持って来てくださいました。その苗を3、4年生が15cmの黒ビニールポットに移植しました。ポットには腐葉土と黒土を入れ、一本ずつ苗を植えていきました。この活動は、3、4年生の子どもたちに喜んで受け入れられました。土に触れる活動をしている時、子どもたちは笑顔がこぼれていました。次の日から、毎朝、水やりをしてから教室へ行く3、4年生です。2、3年間育てて、たけが50cm位になったら、近くの湘南国際村めぐりの森に移植する予定です。

　夏休み中咲いていたヒマワリの花は、秋になり、種をつけました。葉や茎は枯れました。枯れたヒマワリの絵をクレヨンで模造紙に描きました。
　オクラが実をつけました。実と花とはどちらが先かを調べるためにはどうしたらよいかを考え合いました。オクラの花にビニタイをつけておけばよいという意見の通りにやってみました。一週間後に、ビニタイのところに実がなっていました。
　1学期に植えたサツマイモを収穫しました。サツマイモは総合的な学習の時間に料理して食べる学習になりました。
　カイコの繭はなべで茹でて、糸を取り出し、ランプシュードになりました。理科の電気の学習で使った豆電球がランプ代わりになりました。カイコの学習が広がっていきました。

4年生の学習

〈関係づける〉

　4年生の学習内容は、3年生よりも範囲が広がりました。関係付けを意識させました。「……だから……だ」「……なので……だ」というような文になるようにさせました。最初の理科の時間に学校裏の田んぼのある所に行きました。野原の生き物に触れるのが目当てです。虫めがねと温度計とバケツを持って行きました。

　人家がなくなると、木の上の方にコゲラがいました。キツツキを初めて見た子が多かったです。田んぼのそばの沼地にはオタマジャクシがうようよいました。卵のうを見てみるとアカガエルの子どもです。イトトンボが水面近くを飛んでいました。湧き水が溢れ出ている所には、ホタルのエサのまき貝がいました。ホタルの幼虫は見つけることができませんでした。帰り道は、アカガエルの卵のうをバケツに入れて持って帰ることにしました。

　畦道を一列に並んで歩いていると、「お、なんだ？」と声をかけてきた男の方がいました。近くのIさんでNちゃんのおじさんです。笹藪の向こうで、はちみつを採っているという話です。行ってみると、ミツバチの巣箱がたくさんありました。思いがけず、ミツバチの話を聞くことができた子どもたち。「散歩が好き」「自然観察が好き」という4年生。帰り道、カントウタンポポが群生しているところがありました。3年生の時に学習したことを覚えていて、人間があまり足を踏み入れない都市化がすすんでない所なので、そこにカントウタンポポがはえていることを言えた子がいました。ニリンソ

ウも咲いていました。野原で友達と話をするのは、いい気持ちです。
　養蜂をしているＩさんは、後日、来校されて、ミツロウで作った作品を見せてくださいました。また、オタマジャクシの卵のうは、学校の水槽で飼うことにしました。水槽は、下駄箱付近に置いて、全校の子どもたちが毎日目にするようにしました。

　オタマジャクシ係の人数が多すぎて、えさをやりすぎる日があったり、足が出てくるとカエルの休む場所が必要になったりするので、生き物を飼うには、先生の目が毎日届く場所で行った方がよいことがわかりました。
　子どもたちが飼育した生きものは年によって違いました。オタマジャクシやメダカの水槽は毎年ありました。
　トウキョウサンショウウオ、金魚、カブトムシ、ザリガニなどの飼育箱があり、私は毎朝、そこを通ってから職員室へ行くようにしました。
　またトマトの水耕栽培を窓ぎわで行い、土がなくても実がなることを見ることができました。業務員のＹさんの力を借りました。
　足の出てないオタマジャクシについては、この後は、前足が先か後足が先に出るのかを予想し合いました。前足派は、クロールでおよぐ時も、手が大切なので前足が先に出るということです。後足派は、カエルは平泳ぎで泳ぐ時の足のけり方やジャンプする時の脚力をつけるための練習が必要だから、後足から出るということでした。両派の実演をはさんで、みんなで自分の考えを述べ合いました。たくさんの考えが出て、「そうなのかな」と話し合いました。その後カードに自分の考えを書きました。「……なので……だと思う」と、

どの子も書いていました。この日の学習はこれで終わりです。このくらい話し合っておけば、オタマジャクシの水槽を気にかけて毎日覗き込んでくれるでしょう。

　カブトムシの幼虫を３匹、４年生の子どもが持って来てくれました。箱で飼っていましたが、土の上にフンが溜まってきたので、４年生が土変えをすることにしました。土を新聞紙の上に広げると幼虫も出てきました。子どもたちが土の中のフンを一つひとつ取り出すと、フンの山ができました。コロコロのカブトムシの幼虫を手の上に乗せては、「かわいい」と言う子もいました。思ったよりもすばやい動きの幼虫に、笑い声のうずができました。１カ月後には、３年生がフン掃除をしました。休み時間のカブトムシ係になるのは関心がある子ですが、係にならない子は、生きものが苦手という子も多いです。次の年は３、４年生が一匹のカブトムシをビンで育てました。

　６月に「とじこめられた空気や水」の学習をしました。ペットボトルに水を入れ、空気入れで飛ばした時、閉じ込められていた空気と水の量の割合により、ペットボトルの飛ぶ距離が異なることに子どもたちはなんとなく気づきました。当日、私は手づくりのペットボトルロケットを持って行きました。私のは、校庭の端から端まで飛び、飛距離は子どもたちのものの10倍位ありました。それでも子どもたちは教科書に載っていたのと同じ簡単な自分のペットボトルを使って、何度も挑戦していました。自分で工夫して飛ばすことに喜びを見い出していました。閉じ込められた空気の体積は押し縮められるが、水の体積は変化しないので、押し縮められる力の反撥力を使うには、空気の体積を多くしておかないと、ペットボトルロ

ケットの飛距離は伸びないという関係に子どもたちは気づきました。ペットボトルの1/3位の水の量で空気が2/3の時、よく飛ぶようです。

　一人1個の簡単なペットボトルロケットで、理科の時間に、水びたしになって遊び、そして学びました。おしちぢめられた空気がもとに戻ろうとする力によってペットボトルが飛んでいったことを、子どもたちは実感を伴って理解をすることができました。

〈みつばち作戦〉

　雌花・雄花の栽培としては、ゴーヤ、キュウリ、ヘチマ、ヒョウタン、カボチャの種などを用意しました。その中でも花が大きいのはカボチャです。カボチャは雌花のもとの所がふくらんで、大きくはっきりとらえることができます。また棚でなくても地面でも生長させることができるので、受粉作業がしやすいです。そこで、畑にカボチャの雌花用4株と雄花用2株を植えました。雌花は万二郎南瓜を、雄花用はひょうたんカボチャを5月に植えて、受粉時期を合わせるようにしました。

　10月頃になって花が咲き始めたので、毎日4人ずつ畑に行って、雄花を摘み、花粉を雌花につける「みつばち作戦」をすることにしました。初めのうちはどれが雌花かわからない子どもたちが多かったのですが、そのうち、一度経験した子も一緒に畑に来て、受粉の仕方を教える姿が見られました。受粉した雌花には荷札を付け、日づけと自分の名前を書きました。しかし、荷札の付け方がきつかったり場所が悪いと、その後で、実が枯れてしまっていることもありました。4年生と5年生の子どもたちが受粉しました。2学期の終

わり頃に、80個位のカボチャができました。雌花のもとがふくらんで実になることは、教科書に書いてありますが、実際に子ども自ら受粉作業をし、その実が食べ物になることを体験しました。「雄花を雌花につけた後の花粉がどうなっていくのか知りたい」と言う子もいました。実感を伴ったからこそ、新たな疑問が生まれたのです。朝8時半に畑に行くと黄色の大きなカボチャの花は、朝露の中で美しく輝いていました。この環境の中で「受粉」を学び感じている子どもたちの顔はにこにこしていました。雄花の花粉がついて雌花の実が大きくなったという関係づけが、実感を伴って理解できた季節でした。

　9月に校庭のクリを拾い、イガの中に3つあるもののうちの真ん中の1個の中グリだけを種として冷蔵庫に入れておきました。土の中で虫が活動しなくなった冬に、4年生はクリの種を腐葉土に植えました。

　その頃、自宅のツバキの実をたくさん届けてくれた4年生の子どものおばあちゃんがいました。ツバキの種は4年生が腐葉土に植えました。また、使わないからと素焼製の鉢を持って来てくれた保護者が2人おられ、100鉢位そろいました。地域の方が学校に協力してくださるので、ありがたいです。

〈下山川の野鳥観察〉

　2月の初めに日本野鳥の会から、2人の講師の方に来ていただき、野鳥観察を行ってきました。学校近くの下山川の周りを2時間ほど歩くコースです。双眼鏡は近くの小学校からも借りて、一人に1台になるように準備しました。当日の天気にもより、観察できる鳥の

種類が異なりました。たいていは、コサギやアオサギやカワセミや、セキレイ等の水鳥を見ることができました。講師の方の話に子どもたちは熱心にメモを取りました。世界中には9,000種の鳥がいて、日本で見られるのは600種位ということで、たくさんの鳥がいることに子どもたちは驚いていました。ハヤブサの瞬間最大速度が387km/時であることに歓声が上がりました。キセキレイやカワセミはいろいろな水生昆虫やたくさんの魚がいないと生活できません。下山川はそういう川であること、この川の周りで生活している自分たちは幸せであることをしみじみと感じました。

　観察会の次の日からは、「先生、カワセミを見たよ」と言ってくる子どもたちが増えました。鳥を見つける目と、**鳥を見ようとする心が育ってきた**のだと思います。

　下山川沿いを歩きながら観察できた野鳥は、次の通りです。

　トビ、カワセミ、キセキレイ、ハクセキレイ、モズ、セグロセキレイ、ヒヨドリ、スズメ、アオサギ、ハシボソガラス、コジュケイ、キジバトなど。

　当日、昨年に比べ風が強かったため、見られる鳥が少ないのではと心配していましたが、風に向かい不安定になりながらも、懸命に飛ぶセキレイの様子が見られました。教室に戻り、感想や質問をまとめました。

子どもたちの作文から
・いつも通っている場所にもたくさんの鳥がいると思いました。
・あまり見られない鳥、それは、私が見ようとしていないから、見たことがないと思った。

- 私の予想より鳥はたくさんいました。
- 初めて見る鳥が多かった。
- カワセミは、青くかがやく光のようだ。なぜなら太陽の光があたって青色にかがやいているからです。ぼくは、鳥を見ていると心がおちつきます。自然で鳥と遊んでいるような感じがするからです。キセキレイはいままで見た中で一番きれいでした。
- ぼくは、カワセミのことをミサイルのようだと思います。なぜかというと、ミサイルのように速いからです。カワセミは本当にきれいで美しい鳥だと思います。
- カワセミの飛び方が波型飛行だった。ねらわれないように波型飛行で飛んでいたのだと思う。
- ハクセキレイとセグロセキレイの違いは、顔だと分かった。ハクセキレイは顔が白くて目のところに黒い線があり、セグロセキレイは顔が黒く目の上のところに白い線が入っていることが分かった。
- 声は聞こえたけれど、形が見えない鳥がいた。水などで見えないし、うるさいから姿を見せなかったのだと思う。
- ハクセキレイは、風に乗りながら飛んでいた。私は、波型飛行で羽を動かしているからだと思う。ハクセキレイは、どこでも見られ、チュチュンチュンとやさしく鳴く。冬と夏で色が違う。長い尾を振りながら歩く。
- アオサギは、川を見ていた。魚を待っているようだった。川をじっと見ていたからそう感じた。アオサギは、上山口で見られる鳥の中では一番大きな鳥で、黄色いくちばしが、すぐ

> えものがとれそうだった。
> ・アオサギは、なぜおなかいっぱいになるとボーっとするのだろうか。それとも何か探していたのかな。

「今まで野鳥は見たことがないと思っていた。けど、見ようと思う心があると、野鳥は下山川にたくさんいました」と作文にありました。

5年生の学習

〈条件整理する〉
　5年生では関係をとらえる学習が多くなりました。
　イ　種子の中の養分
　ロ　発芽の関係、発芽と水、空気、温度の条件の関係
　ハ　植物の成長に関する条件の関係
　ニ　受粉と結実の関係
　ホ　水の働きと流水の速さの関係
　ヘ　増水と土地の変化の関係、水の温度と溶ける量の関係等
　水に関する学習でも関係性をとらえるために、条件制御をして、科学への学習を進めていきました。「条件」整理をする学習は、初めのうちは、なかなかはっきりととらえることができません。「変える条件」と「変えない条件」を実験・観察をする中でとらえていくようにしました。

〈変える条件と変えない条件〉

　雲の観察をした時のことです。雲の量で天気を決めているので、雲の量を調べました。窓から空を見ました。すると、窓によって見える雲の量が異なりました。天気は空全体を見ることが基本です。そこで外へ出て、雲の量を見ることにしました。10時半と14時半に雲の量を見ました。この時、変えない条件と変える条件を考えました。変えない条件は見る場所です。変える条件は見る時刻です。雲の量が7/10から10/10になったので、天気は晴から曇に、変化したことがわかりました。1日のうちで雲の量が変化して、天気が変わることがわかりました。そして「変えない条件」と「変える条件」を、はっきりとらえることができました。

雲の量で天気を決めます。
（はれ　0～8/10　くもり　9～10/10）

〈調べたいことが「変える条件」〉

　インゲンマメの発芽の条件は何かを考えました。家が農家のIさんは、「お父さんが苗を育てているビニールハウスは、あったかいし、毎日、水をやっている」と言いました。

　まず、「水あり」と「水なし」の条件でシャーレにインゲンマメを置きました。すると「ラップをかけた方がいい」という意見が出ました。金曜日だったので、次の水曜日の理科の授業までに水が蒸発してしまうからという理由でした。次の水曜日。水ありシャーレの方のインゲンマメが発芽していました。それもヒョロヒョロに。インゲンマメの置き方の向きにより、根や芽がぐにゃぐにゃに曲が

っているのがありました。発芽に適した置き方があるんだと口々に言っている子どもたち。また、芽ではなく根の方が先に出たのを見て根は水を吸うため、また全体を支えるために、芽よりも先なのだということに気づきました。いつも野菜は土で育てているので、「土は発芽の条件である」という子どもが10数人いました。「いや、水だけで発芽するんじゃないのかな」という意見もありました。そこで、「土」「水」「土と水」で考えることにしました。

「水」についてはすでに実験が終わっているので「土」「土と水」で比較することにしました。この「土」については行わない年度もありましたが、本年度は行うことにしました。なぜなら、水耕栽培を見せても、時間が立つと、植物を育てるのは土だと言う子どもたちが減らないからです。「土」は、カラカラに乾いたバーミキュライト園芸用土を袋から出して使いました。「土」は発芽の条件ではなく、今まで見ていたのは「水を含んだ土」であることがわかりました。

数日後にインゲンマメにヨウ素をたらして、色の変化を見る実験をしました。インゲンマメとカッターと板を子どもたちに渡しました。カッターで豆を切るという作業をすることが、これから何がおきるのだろうという期待感で、ワクワクするようです。先生が切った豆を渡した場合と、子どもたちの顔は違います。ヨウ素液は小さなびんに分けて、各グループで使いました。ヨウ素でんぷん反応がおこりました。発芽後に、しぼんだ子葉にヨウ素液をつけても反応がおきません。この2つは同時に行った方が比較しやすいので、子葉がしぼんだ頃に、発芽前と子葉が出た後の比較実験を行いました。

コメやトウモロコシなど、調べたい物を家庭から持ってこさせま

した。発芽には空気は必要条件かどうか調べるための実験として、コップの中の水の量を多くして種を空気に触れさせない方法での発芽実験があります。

　これは、水で空気を遮断して「空気なし」の環境にしているのですが、あまりインパクトがないので、別の実験も並行して行いました。「空気あり」をエアポンプで意識させるのです。コップに入れる水の量を多くしてエアポンプで空気を送り続けると、網に入れたマメが発芽するのか、エアを送らないコップではどうかを調べる実験です。この時、注意することは、エアポンプをしっかりと留めておくことです。振動で次の朝には、はずれてしまうことがあるのです。

　5年生は総合的な学習の時間にイネについて学習していたので、イネの発芽はインゲンマメとは水の量が違い、発芽条件が違うことに気づいた子どもたちもいました。

　また、発芽の条件と成長の条件を混同している子が多いので、まとめをしっかりと行うことが大切です。この頃には、いつも運動会の学習が入ってきて、休み時間に理科室に来る子どもたちが減ってくるので、私の方で毎日シャーレの中のインゲンマメを気にしてないと、インゲンマメ20本近くを本葉まで育てることができませんでした。

　「日光」は発芽に必要かどうかを調べるには、「日光なし」と「日光あり」の比較をしました。真っ暗な戸棚に入れるのと入れないのを比べました。すでに水と空気は発芽には必要条件であることが実験からわかっています。「変える条件」は、「日光」です。「変えない条件」は「水」と「空気」です。つまり、調べたいことが「変え

る条件」なのです。戸棚の中でもインゲンマメは発芽しました。
　次に温度が発芽に必要なのかどうかを調べることにしました。「変える条件」は「温度」です。冷蔵庫の中は真っ暗なので、冷蔵庫に入れるのと、真っ暗な戸棚に入れたのと比べました。変えない条件は「水」「空気」です。冷蔵庫の中では発芽しませんでした。インゲンマメには発芽に適切な温度が必要であることがわかりました。
　この、「変える条件」「変えない条件」の学習は、一つひとつ実験をしていく中で、学んでいくしかありません。
　「メダカの誕生」の学習では、「葉山めだかの会」より３人来ていただき、メダカの飼い方を教えていただきました。５年生の子どもたちは一人１本のペットボトルで作った水槽に、水草と卵数個ずつをいただきました。
　その後、メダカの卵を顕微鏡で観察しました。県教育研究所から数種類の池のプランクトンが届きました。届いた日か次の日あたりに観察しないとプランクトンの数が減ってしまったことがありました。ミジンコやゾウリムシが顕微鏡のレンズの向こうですばやい動きをしているのを見て、子どもたちは大喜びをしました。メダカの水槽にプランクトンの入った水を入れると、メダカは口をパクパクさせて、プランクトンを食べているのが見えました。

〈下山川の生物調査〉
　一週間後に、通学路に沿って流れている下山川の中流に行き水源地の橋の下に降りて、川の水の中の小さな生物の調査を行いました。その場所は前年度には葦が繁茂し草丈が高く子どもたちが入れない

状態だったのですが、町内会の方が学校に来られた時に「そこに行って学習をしたい」話すと、草刈りをして、整地をしてくださいました。地域の協力に感謝です。

　全国水生生物調査表と照らし合わせると、ここ水源地橋附近地点の水質は「汚れている」の判定でした。イトトンボ、カワトンボ、ハグロトンボなどのヤゴがたくさんいました。ミズムシ、アメンボ、トビケラなどやや汚れた水域を好む生き物がいました。原因はここよりも上流の家庭排水の不完全処理のためと思われます。また、ヘビトンボ、カワゲラなどきれいな水域を好む生き物もいました。近くに湧き水が流れ込んできているせいでしょう。また、カルガモの殻が見つかりました。もう少し上流の学校近くでカルガモの親子の姿を見かけたことがあると子どもたちが口々に言っていました。この日は「横須賀水と環境研究会」から４人の方の応援がありました。

　次の週に、下山川に流れ込んでいる支流の猪股川の上流に行きました。学校裏の野原です。各グループ白パレットと大ピンセットを持ち、５つの地点に分かれて、生きもの調査をしました。30分後に集合しました。水質階級Ⅰのヘビトンボ、サワガニ、水質階級Ⅱのスジエビ、カワニナが見つかりました。調査ポイントの下山川上流は「とてもきれい」「きれい」という結果になりました。採集した数を調べ、全員で見合ってから、元の場所に返し、環境への負荷に留意しました。

作文
「上流に行ってみた」
　中流は上流とは、大違いでした、月とスッポンです。上流は

表7. 集 計 用 紙

市町村名 葉山、町
河川名 下山川
学校（団体）名
調査者名

調査場所名 (No.)				水原地蔵 中流			( )	いのまた川 上流
年 月 日 (時刻)				2011・6・10 (:)		・ ・ (:)		・7・10 (:)
天　気				晴				晴
水　温 (℃)								
川　幅 (m)								
生物を採取した場所								
生物採取場所の水深 (cm)								
流 れ の 速 さ								
川 底 の 状 態								
水のにごり、におい、その他								
魚、水草、鳥、その他の生物								
水　質	指標生物			見つかった指標生物の欄に○印、数が多かった上位から2種類（最大3種類）に●印をつける。				
き れ い な 水	水質階級 I	1. ア ミ カ						
		2. ウ ズ ム シ						○
		3. カ ワ ゲ ラ		○				
		4. サ ワ ガ ニ						○
		5. ナガレトビケラ						
		6. ヒラタカゲロウ						
		7. ブ ユ						○
		8. ヘ ビ ト ン ボ		○				○
		9. ヤマトビケラ						
少 し き た な い 水	水質階級 II	1. イシマキガイ						
		2. オオシマトビケラ						
		3. カ ワ ニ ナ						○
		4. ゲンジボタル						
		5. コオニヤンマ						
		6. コガタシマトビケラ						
		7. ス ジ エ ビ						○
		8. ヒラタドロムシ						
		9. ヤマトシジミ						
き た な い 水	水質階級 III	1. イソコツブムシ						
		2. タ イ コ ウ チ						
		3. タ ニ シ						
		4. ニホンドロソコエビ						
		5. ヒ ル						
		6. ミズカマキリ						
		7. ミ ズ ム シ		○				
大変きたない水	水質階級 IV	1. アメリカザリガニ						
		2. エ ラ ミ ミ ズ						
		3. サカマキガイ						
		4. セスジユスリカ						
		5. チ ョ ウ バ エ						
水質階級の判定		水 質 階 級	I	II	III	IV	I	II	III	IV	I	II	III	IV
		1. ○印と●印の個数	2	1							4	2		
		2. ● 印 の 個 数												
		3. 合計(1.欄+2.欄)												
		その地点の水質階級												

カニもいるし、水はきれいでした。中流はというと、きたないとこにすむ魚はいるわ、水はきたないわ、えたいのしれないあわがあるわ、ゴミぶくろはあるわ、終いにはケータイまで落ちてるしまつ……。あるテレビ番組での、人間がいなくなった世界のシュミレーターえいぞうでは何10年かたったらそこは、とてもきれいな森林になっていました、人間が地球を壊しています。人間は、それに気ずかず毎日かんきょうはかいにいそしんでいます、ぼくもみんなも。人間が気ずかないとだめです、ぼくもみんなも。気ずかないとつぎのせだいも、そのつぎのせだいもお先真っ暗です。もちろん、ぼくたちが大人になった時にすでになってるかもしれません。

この下山川について自分がどうしたらいいと思うかを聞きました。

　お風呂で使っている水や、洗面所で使っている水、台所で使っている水がぜんぶ川にながれているとはぜんぜんしりませんでした。
　お風呂で使っているシャンプー、ボディソープ、リンスがそのまま川にながれているなんて、しらなかったので、今日からはいしきして水をつかおうと思いました。
　でも、そのきたなくなった川をきれいにするために、すみを入れているなんて、すごく驚きました。
　そうしようと思った人は、すごいと思います。
　これからは、ほんとうに水を大切に、大切に使わなきゃいけないんだなぁと思いました。そして、なるべくこの下山川をよ

ごさないようにしたいです。
　　下山川を調べて、意外ときたなかった。
　　きたない川によくコイはすめるなーと思った。自分たちでも、なるべく洗剤を使わないようにする、なるべく油などを流さないようにすれば、川はきれいにできると思った。
　　川をきれいにするには、それほどのろうりょくが必要だと思うけど、川をきれいにする、かつどうをみんなでやってみたいと思いました。

〈自家受粉で受粉させる〉
　二学期になり、植物の受粉と結実の関係を調べるため、アサガオで実験を行いました。アサガオは春に種をまいて水やりしていたので9月にも花が咲いていました。しかし9月10日頃になると、もう花は少しになっていくので、それまでに実験を終わらせることを忘れないようにしました。外国種のアサガオは10月頃まで咲いていることがわかり、次の年にはそれを使うことにしました。アサガオは自家受粉するので、つぼみの時に雄しべを取った花と、取らない花を比べて、実ができるのはどちらかを調べました。よく見ると、開花後の雄しべは、つぼみの時よりも長くなっていて、花粉が雌しべにつきやすいようになっていることに気がついた子がいました。
　開花した花を見ると雌しべはべとべとしていて、花粉がついていました。一週間後、雄しべを取ったアサガオは実がなりませんでした。この実験の最中には、毎日、アサガオの花壇に行かないと、つけておいた荷札が飛んでしまったり、雨で字が見えなくなったりして困りました。最初の実験日を何曜日にするかが重要なカギになる

とわかりました。週の初めに1回目の実験を持ってくると、観察を継続してすることができるのです。

　私は専科なので、理科の時間は決まっているし、他の学年の授業もあります。5年生の子どもたちには失敗しないために、実になるまでは、登校したら朝しっかりと観察することを伝えました。金曜日に初めの実験を持ってくると、土、日曜日の水やりができません。植物の条件を決めて観察する実験は日数がかかるので、毎日の世話が大切です。理科室で条件を決めて行う化学実験や物理実験とは違います。結実しない実験よりも結実させる実験の方が子どもたちはすきです。

〈どろんこ遊び？〉
　秋になって、流れる水の学習がありました。築山で自分たちの「川」を作るのですが、ただのどろんこ遊びにならないようにするために、外へ行く前に1時間、教室で話し合いをしました。何を調べるのか、どういう条件にするのか、一人ひとりが考えてから、次にグループでの話し合いをさせました。その後で、図を見せてグループ発表をし、他の人からの意見を聞き合いました。グループ発表では、それぞれのグループがビニール板とマーカーを使い図示しました。このビニール板は校長さんが作ってくれた物です。いよいよ外へ行って、それぞれのグループの「マイ川」を作りました。川の形と流水の速さの関係、増水と工夫の関係を考え合いました。チャイムがなり道具を片づけながら、「またやりたいなあ」と言っている5年生。**理科って楽しい**。次回は洪水を防ぐ工夫について、また「川」を作って考え合いました。

〈「溶ける」とは〉

　冬になって、水の温度と溶ける量の関係を調べる学習がありました。ここでは、溶かす物を計るために、秤を使います。小数点以下２ケタまではかれる電子天秤が本校には数台しかないので、上皿天秤を使いました。

　まず、一人１台の上皿天秤の、０点調整です。この単元中、各人がずっと同じ上皿天秤を使うので、調整できない天秤は、すぐに交換をしました。つりあいは、振れを止めて見るのでなく、触れた状態で左右の振れ巾が同じになることをみきわめることを徹底させるのは、私一人ではできないので、授業のない空き時間の先生に応援を頼みました。

　また、メスシリンダーに水を入れると表面張力で水がメスシリンダーの淵について、端の水面が上がるので、メスシリンダーの読み方の時にも、見学に来た先生に応援をお願いしました。先生からOKが出るまで、スポイトを使って何回も試みて、OKが出た時の子どもたちの納得した顔がありました。私は、理科の時間に他の先生方が来られることは歓迎しています。たいていは、子どもたち一人ひとりの実験のサポートに回ってもらいます。

　メスシリンダーの目盛りは、上から見るとガラス管の向こう側の半分まで、目盛りの線が続いています。目盛りが１本の線となって、こちら側と向こう側で重なるところを目の高さにしてから水の表面を見るようにします。ですから、線がはっきりとしていないメスシリンダーはよくありません。線がはっきりしてないプラスチック製のメスシリンダーは、高学年用には不向きです。

　ビーカーに水を入れ、お茶出し袋に塩を入れて吊すと、水の中に

塩が溶けて広がっていきました。日光がさしてきた理科室でそれを見た子は、「きれい」と、うっとりしていました。(「シュリーレン現象」)しばらくの間、見取れていました。**自然現象を美しいと感じることは、理科教育の出発点**です。「塩は溶けてなくなっちゃったぁ」とつぶやいている子どもたちがいました。この言葉を待っていたのです。そこで、「塩はどこへいったのかな」と全体になげかけました。「①塩はなくなったと思う人　②塩は見えなくなっただけでこの水の中にあると思う人?」と発問しました。

挙手した人数は、①8人　②15人。理由を聞くと、①溶ける様子を見ていたら見えなくなった。②どこにもいった様子がない。「②が多いけれどどうすればはっきりするのか」と問うと、「重さをはかればかわっていると思う」と言っています。それでは、

「塩を入れた後の重さは次のうちどれか」を問いました。
①塩の分だけ重くなる——3人
②ちょっとだけ重くなる——19人
③重さは変わらない——3人
④軽くなる——0人

②の「ちょっとだけ重くなる」という予想が多かったです。②は、塩が入ったのだから重くなるけど見えなくなったのだから、もとの塩の分だけ重くなることはないと考えたということです。半信半疑の状態です。それで実験することにしました。方法は、
(1) 水の入った容器ごとの重さを測る。
(2) 塩の重さを測る。

（3）水に塩を加えて溶かし容器ごと重さを測る。

　結果は、①加えた塩の分だけ重くなりました。質量保存の法則です。塩が入っているのかどうか、確かめるためにはどうしたらよいのか。舐めてみればわかると言う子もいましたが、「塩水を蒸発乾固させてみよう」と蒸発皿に3滴ほど先ほどの液を入れてアルコールランプで蒸発させると、白い結晶が出てきました。顕微鏡で結晶を見てみると、四角の結晶が見えました。「この溶液を濾過すると、塩はどうなるか」と問うと、

　①濾過しても塩はある。——1人
　②濾過したのだから紙の方に塩が残り、濾液には塩は無くなる。
　　——22人

という予想になりました。ろ紙を折りながら「うちでコーヒーを濾過しても色がついた液が出てくるよ」と言うR君。「え！　どうなんだ？」と迷う子どもたち。ではやってみようということで、濾過後の濾液3滴を蒸発乾固させました。白い結晶が出ました。濾過しても濾液には塩は含まれていることがわかりました。見えなくても塩水の中に塩はあり、塩水を濾過しても塩はあることがわかりました。

　子どもたちは、世界が広がったようでした。その後で温度により50mℓの水に塩がどのくらい溶けるのかのグラフを書きました。温度を上げても溶解度はほとんど変わりませんでした。ホウ酸は温度の上昇とともに溶ける量が増えていきました。砂糖は塩と異なり、大量に溶けました。

　その後、海水をくんできて、塩づくりを行った年もありました。たいていは、モールを使った結晶づくりをしました。

62

6年生の学習

〈推論する〉

　6年生では推論する学習が始まりました。呼吸消化、排出、循環の働きを推論して、人や動物の体のつくりと働きをとらえる学習、植物の体内の水などの行方や葉で養分を作る働きを推論して植物の体のつくりと働きをとらえる学習、動物や植物の生活を推論して生物と環境との関わりをとらえる学習、水溶液の性質を推論してとらえる学習等、推論することを通して、科学的な学習をしていきました。

　最初の日に、「推論する」とはどういう学習なのかを考えました。理科の学習の中での推論は、いつ行うかというと、実験・観察の前の「予想」の時に予想の理由を考えます。この時、「既知の事実を基にして未知の事柄をおしはかります。

　また、実験結果を整理し自分の予想と比較して考察する時に、要因や規則性や相互関係について考えながら、もっとはっきりさせるための実験を考え合いました。

　「予想」と「考察」の時に、「推論する」ことを意識することにしました。

〈「燃える」って？〉

　4月に「燃焼」の単元では、一番最初の時間に集気ビンの中でろうそくの炎がどのくらい燃えているかという実験があります。ふたをしていると燃焼時間がどうなのか調べます。この時、「酸素がな

くなるから消える」「新しい空気がなくなるから消える」などと子どもたちは言っていました。

「酸素が燃えるってどうして言えるの」
「人間は酸素を吸って二酸化炭素を出しているよ」
「集気ビンの中に吐いた息をためて、燃えるかどうかやればわかるかもしれない」
　子どもたちは、「空気」と「酸素」という言葉の区別がはっきりしていませんでした。まずやってみました。ふたをして消えそうになった炎を、ビンの口の近くに持っていくとまた大きな炎になりました。「ふたをすると、ろうそくの炎は消えてしまいそうになったけれど、ふたを取ると、また炎を大きくすることができた」と子どもたちは言っていました。

「なぜ、また炎が大きくなったのですか？」
「空気を入れ換えたから」
　実験をした後では「酸素」という言葉は誰も使っていませんでした。実験前には、言葉だけの知識で、「酸素が燃えるから」と言っていたのが、実験後には「空気を新しく変えると炎はまた大きくなった」と、「空気」という言葉を使っていました。実験の後では実感を伴い、使う言葉が正確になりました。
　次の時間に、各グループで集気ビンの中に息を吐き、ろうそくの炎を入れてみました。息を入れなかった集気ビンの中のろうそくの炎の方が長く燃え続けました。前の時間に、「集気ビンの中に吐いた息をためて、燃えるかどうかやればわかるかもしれない」と考え

たことが、実験をして、「吐いた息をためた集気ビンの中では炎は燃え続けない」ことがはっきりとわかりました。
　次の時間は、大きなビンと小さなビンでは、どちらの方が燃え続けるかを実験しました。「小さなビンは、空気が燃えると、古い空気がすぐいっぱいになるからすぐ消えると思う」という推論をした子どもは、23人中22人でした。
　次の時間には、「ビンのどこかを開けておけば燃え続けるかもしれない」というので、板を2枚、底なし集気ビンの下に置いてろうそくの炎は燃え続けるのかを実験しました。「新しい空気が入ってくるから、燃え続ける」ことが全員わかりました。線香の煙が、ビンの下から入っていって、見えない空気の流れを見せてくれました。その次にやりたいことを問うと、「空気の中の何が燃えるのかを調べたい」という考えが出てきました。ビンの中の「物」を「燃える気体」、「その他の気体」と記号化して、燃やす前と後でどうなるのかを図示して推論しました。
　「酸素」だけの中では、ろうそくの炎はどうなるのかを実験してみることにしました。水上置換で酸素ボンベから集気ビンに酸素を集めました。ろうそくの炎を入れてみると、空気中よりも明るく燃えました。火のついている炭も更に赤くなりました。火のついたスチールウールは、線香花火のようにパチパチ燃えました。「酸素」って、すごーい。空気中に酸素があるから物が燃えていることがわかりました。「もう1回やりたい。やってもいいですか」「チャイムがなったよ」次回、あと1回だけやることにしました。この実験は、3人1組、2人1組、または一人で行っていて、「やめ！」と言われるまで、かわりばんこに何回行ってもよいことにしていました。こ

の中で、スチールウールの実験が2回目をしようとしても、うまくいかないと奮闘しているグループがありました。そばに行ってみると、スチールウールが黒く変色していました。「マッチのせいではないよ。スチールウールの色を見てごらん」と言うと、「あ！」とOさんが言って、なぜなのか考えているようでした。失敗だと思い込んでいるところに宝がありました。鉄と酸素が結合して他の物質になったことに気がついたようです。ワクワクドキドキ、あれ？　と思いながら科学へ近づいていくようです。

　燃焼しつづけるには新しい空気が必要であることがわかりました。新しい空気の中には燃える気体である酸素が1/5あり、燃えない気体である二酸化炭素はほんのわずかあることが気体検知管を使って調べることができました。窒素は燃えないことを確かめました。ろうそくの炎が消えた集気ビンの中では二酸化炭素が増え、酸素が減っていることを気体検知管で調べました。

　ここで留意することは、燃やした後、集気ビンの中のすべての酸素がなくなり二酸化炭素だけになってしまうと考える子どもがいることです。そうではなく、酸素の一部が使われたことを図で説明してわからせることが重要です。

　物が燃えるには酸素がとても大切な気体であることを、実験を楽しみながら理解したと思います。空気が古くなるというのは、酸素が減ることで、人が呼吸しているだけでも酸素が減っていくので、地球上ではどうなっているのかなと、また疑問がわいてきたようでした。

〈体験から推論する〉

　体の学習は、教科書の図を見て学習することが多くなりがちなので、なるべく実験を取り入れる方向に持っていきました。だ液をでんぷん液に入れてヨーソ反応を見る実験は一人1本の試験管で行いました。ビニール袋に呼気をためて石灰水を加えて白濁するかどうかを見る実験も一人1袋で行いました。呼気、吸気について、ガス検知管で二酸化炭素と酸素の量を調べました。またメダカの尾の血流の働きを顕微鏡で見て、電子黒板に顕微鏡を接属して、同じ物を友達にも見せました。また、人間の内蔵の学習の後に、魚の解剖を行いました。小サバは一人1匹使いました。

作文「解ぼう実験」

　解ぼうをして、私は、魚と人間の体の中の臓器のならび方や、体の中身が違うんだなと思いました。

　魚には「うきぶくろ」や「えら」がありました。でも、私は「うきぶくろ」が見れなかったので、ちょっと残念でした。「えら」は、ピンクっぽい赤をしていて、きれいだなと思いました。

　「うきぶくろ」の他に、「心臓」や「消化管」、「かん臓」が見れました。どれも目の前で見る事はできないので、貴重な体験だったなと思いました。

　はじめて魚の体の中を見れて、驚きがたくさんありました。最初は気持ち悪いなと思っていたけど、自分の体にもこんなものが入っているんだな、と思うと、おもしろいなと思えてきました。二度とこういう体験は、できないと思うので、やってよかったなと思いました。

〈酸素を出している〉
　花壇にはホウセンカがたくさん花をつけていました。また、中玉トマトがたくさん大きくなっていました。植物の光合成の実験の時、家からサンパチェンスを持って来た子がいました。そこで、サンパチェンスと同じ位の株のトマトとホウセンカに、袋をかぶせて、ガス検知管で酸素、二酸化炭素の量を測りました。1時間後にも3種の酸素、二酸化炭素の量を測りました。3種類とも、酸素が多くなっていました。植物が酸素を放出していることがわかった瞬間です。

〈水の通り道〉
　ホウセンカを根ごとぬいて、インクにつけると20分位で葉脈まで赤くなりました。絵の具では茎も葉も色づきませんでした。ヒメジオンでもやってみました。あまり長い間つけていると、ぐちゃっとなってしまって、カッターで切っても導管がはっきりしなくなってしまいました。そこで「切り花用インク」を使いました。インクを根から吸い上げるので、水もすいあげているはずなので、葉から水が蒸散しているはずであると推量しました。葉のついたホウセンカと葉をむしりとったホウセンカにそれぞれビニール袋をかぶせてしばらく置くと、前者のビニール袋は水滴で曇ってきました。もちろん花壇には、事前に水を撒いておきました。また葉に水の出口があるはずであると推量し、葉を顕微鏡で見ると、気孔があるのがわかりました。1学期には、ホウセンカを実験でたくさん使いました。3年生で使ったホウセンカの種の余りを全部花壇にまいておいてよかったです。

〈土の中にも〉

　クリの木の下を歩くと、フカフカしています。なぜでしょう。土を移植ゴテで1杯取り、更紙の上で広げてみました。いろいろな生物がいました。思っていた以上で、「土の中ってこんなにたくさん生きものがいるよ」と子どもたちは、その数を数えました。「自然の豊かさの診断のために用いる土壌動物群と区分」（青木淳一著『土壌動物による自然環境診断』）を参照しました。オオムカデ、陸貝、ヤスデ、ジムカデ、ヒメフナムシ、ミミズ、シロアリ、ワラジムシ、甲虫、クモ、ダンゴムシ、アブの幼虫、ヒメミミズ、アリ等、が土の中でうごめいていました。ダンゴムシは、職員室裏の木の下にたくさんいました。ミミズや小さな生き物も枯葉の下にいました。ダンゴムシを枯葉と緑の葉を入れたシャーレに入れておいたら、次の日には枯葉が少なくなっていることから、ダンゴムシは枯葉を食べていることがわかりました。植物が育ち、枯れて土の上に落ち、ダンゴムシ等のえさとなり、フンとなり、フカフカの土の一部となり、そこへ落ちた種が発芽する。いのちの循環の壮大な流れを想像しました。人間もまた、その一部であることを、人間の生活もその循環の中にあることを、6年生は想像することができました。食物連鎖の中でいのちが循環していることを学びました。

〈地層見学〉

　地層の学習は、「おしはかる」ことが多かったです。なぜなら、学校の近くに地層のしま模様のある所がないからです。5年生の時の、「築山」で作った「川」の下流で土が溜まっていくという現象を思い出して、海で土が堆積していくことを想像しました。

9月に地層の見学を御用邸岬で行いました。現地で地層の断面を見ると横の縞模様、斜めの縞模様、足元が縞模様になっている所、縞が切れている所や、真っ黒な地層等が見えました。縞模様は地層が海でできた証拠です。黒いボツボツの岩は、火山でできた証拠です。

　次の日に3色の粘土で前日に見た地層を作ってみました。断層や褶曲の地層ができました。また、地層見学の時に2ℓのペットボトルに、砂や小石を入れておきました。水を入れて振って放置しておいたものが、次の日には縞模様になっていました。大きい粒の方が重いので下にいくのではないか。いや小さい粒の方がすきまを通って下にいくのではないか。どっちなのか。大きい粒と小さい粒では、どっちが下にいくのかを前日予想していました。大きい粒が少ないと、その間に小さい粒が入ってしまうので、次の日に模様のできないペットボトルがありました。そういうペットボトルには、運動場の小粒の粘土を入れてもう1度数10回振って放置しておくと、縞模様が現れました。大きい粒が下の方にありました。

　また学校の周りの赤黒く見える土は、富士山や伊豆諸島の噴火により積もったとされるものであると言われていることがわかって、子どもたちは興味を持ったようでした。**一粒の砂から大地のおいたちを想像**しました。

　地層の学習は、その物自体の生成期間が長く、原因と結果を同時に見ることができないので、「おしはかる」ことが多くありました。スパンが長いので、一度壊した環境を修復していくには、大変な努力が必要です。元の状態には、なかなか戻らないことを子どもたちはつかみとっていくものと思います。

〈環境の学習へ〉

　6年生の理科の学習は、自然現象同士をつなぎながら、環境の学習の総まとめへと向かっていきました。

　雨が地面に浸み込んで川となり、川の流れが岸の土を浸食し、土を運搬し、海で堆積する。隆起した土地に地層が見える。「海の水が蒸発し、雲となり雨を地上に降らす。植物は根から土の中の水分を吸い上げ、二酸化炭素を吸収し、太陽の光で光合成をし、でんぷんと酸素を作る。人間は酸素を取り入れ、二酸化炭素を出している。人間の生活は、この循環の中に位置して、人間の都合のいいようにしています。

〈川の水質検査〉

　12月、「水溶液の性質」の単元では、酸性、アルカリ性の水溶液に金属を溶かしたり、二酸化炭素を水に溶かしたりして、水溶液の性質を調べました。

　学校近くの下山川中流にかかる橋の上からひものついたバケツを投げ入れて、川の水を採集して、水質検査をしました。まず、リトマス紙で、酸性、中性、アルカリ性を調べました。リトマス紙は、赤色、青色の他に、pHを連続して計れる連続リトマス紙を使用しました。またCOD、—NO_2、—PO_3のパックテストを使い、数値が高くなると、色が変化していく指標を参照して、水質を調べました。5グループに分かれ、必ず一人1回は実験をすることとしました。その結果、下山川中流の学校の前の橋下の水は、次のような結果になりました。リトマス紙ではpHが7で中性、—NO_2の検査値は0.05〜0.1で「少し汚れている」。CODの検査値は4で「汚れ

ている」。—PO₃の検査値は0.02で「あまりない」ということになりました。いつも登下校の時に見ている下山川は、川底まで見えます。検査を行った10時頃は、洗剤の泡が川に流れ込んでいました。学区の下山口・木古庭地区では、下山川に家庭排水が流れ込んでいるため、「汚れている」という判定になりました。透明に見える下山川ですが、この結果に、子どもたちは、下山川をきれいにするために気をつけたいと考えました。

1998年にも下山川の水の水質調査を6年生が実施していました。

結果は、今とほとんど変わっていません。なぜなら、下水道が整備されてないからだと思われます。

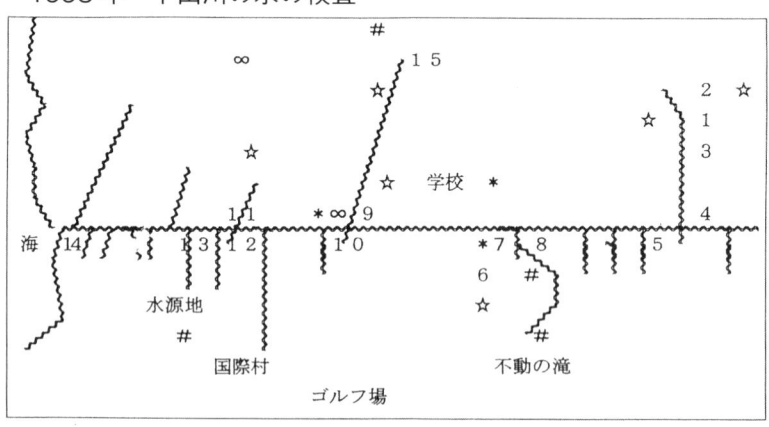

1998年　下山川の水の検査

〈#湧き水　∞トウキョウサンショウウオ　☆ホタル　＊カントウタンポポ〉

・湧き水がいたるところに見られます。
・トウキョウサンショウウオは、数が少なく、貴重な動物です。

・ホタルは6月から7月にかけて見られます。
・カントウタンポポが咲く所は、昔からの自然が残っていると思われます。

川の水の検査結果（1998年）
○きれい　△ややよごれている　×すごくよごれている

	洗剤	有機物	観察されたこと
1　木古庭のたんぼ	○	○	ホタル
2　協力橋	○	×	ホタル
3　木古庭児童館前の川	△	×××	
4　平成橋	○	×××	
5　不動橋	○	×××	
6　A家側のたんぼ	○	○	ホタル
7　大沢橋	△	○	
8　寺前橋	△	×××	
9　学校側の小川	○	△	ホタル
10　上山口児童館下の川	○	×××	
11　御拝堂（おがみどう）橋	△	××	
12　黄金沢橋	×	×××	
13　水源地橋	△	×××	湧き水
14　下山川橋	×	×××	
15　学校裏小川の湧き水	○	○	湧き水

子どもたちがパックテストを行って、下山川の水の汚れについて気がついたことは次のことです。

〇ゲンジボタルのいるところは水がきれい。
〇きれいな水は上流の自然が残っているところから流れている。
〇下流は上流や中流から汚れが集まっているので汚れている。
〇湧き水が流れている水源地橋では、少しきれいになる。
〇海のほうへ行くにつれて、生活はい水や有機物が多くなる。

川の水を検査して考えたことは、次のようなことです。

・場所によって汚い水ときれいな水がある。ゴミをすてなければきれいになると思う
・下山川の中流は生活はい水ですごくきたないと分かった。
・私は川の水の検査をしました。検査を終えてみると、思った以上に汚れていることが分かった。私はふだんの生活の中から川のことを心がけていこうと思った。
・たんぼでも農薬が入っていると、きたないと思う。
・これからはボディソープをあまり使わないで、石けんを使うようにしたい。
・食べ残しは流しに流さないようにしたい。油はふき取ってから、洗うようにしたい。
・時々、協力橋から川に降りてザリガニや魚をとったりしている。去年も今年もいっぱいいた。ゴミ、ゴミ、ゴミがいっぱい落ちていて、なんだか心配だ。

・平成橋の下はけっこうきれいだった。洗剤を使う時に少しだけにしたい。

〈人と環境〉
　4年生の秋に校庭で拾ったクリを、1月にポットに植えましたら、4月に芽が出ました。5月の連休に、学校の近くで「植樹」の活動があるという案内がありました。そこには、私が大学生の時に授業を受けた宮脇昭先生の講座があることを知り、2泊3日の研修会に参加することにしました。ますます植樹への私の気持ちがふくらんでいきました。夏休みに、地域の研究会に参加し、そこで植樹に関心のある皆さんと出会いました。県の所有地である湘南国際村BC地区に植樹をする活動をしているので、「地元の小学校も参加しませんか」というお誘いが町内会からもきました。
　このお話がある前に、クリをポットに植えていました。その頃は、いつも食べているクリを土の中に埋めると、発芽するのかどうか私は半信半疑でした。4月に赤い芽が出てきた時には、その根元を掘ってクリの種からつながって出てきていることを確かめたほどでした。

作文「森を作るぞ」
　あんな小さな実から大きな木になるのかしょうじきならないんじゃないかなと思った。なぜかというと実と木は月とすっぽんだからです。自分のすんでいるところだから木をいっぱい植えて、いろいろな生き物がくる自然豊かにしたい。先生から木

が減っていると聞いてびっくりしました。自分ではいっぱいあると思っていました。これから自然がいっぱいな国際村にしたいです。

「森を作るよ」
　葉は、日光が当たっていると、根から葉に水が行き、その水が蒸発して、葉が外からCO_2を吸収して、でんぷんになる働きがあって、とてもかんきょうにいいなと思いました。
　今は、森林が減少しているけど、今度私たちがくりの木を植えて、少しでもかんきょうが良くなったら、いいなと思います。葉も、かんきょうにいい事をしているので、私たちもかんきょうにいい事をしていきたいです。

　成長したらこのクリの木をどうしようか、しっかりとした行き先も考えていなかったので、植樹先が決まり、私は内心喜んでいました。そして、夏休みにクリの植樹に向かって今後の計画を立てました。1月に植樹を6年生が行うことにしました。
　秋になり、のべ人数で100人余りの地元の人達が参加して、草刈機で草刈りをし、木を切り、ユンボ2台で掘り起こし、クリを植える場所が整地できました。お礼を述べると、「こんな幸せな時間を過ごせてありがとうございました」という返事が返ってきました。この人たちの気持ちに応えるためにもただただ、この6年生が植樹を通して、環境について真摯に考えてほしいと祈りました。

クリの苗木を植えて、林や川を守ろう。

2012.1.27

単元　生物と地球環境

単元目標　生物と環境の関わりについて興味、感心を持って追求する活動を通して、生物と環境の関わりを推論する能力を育てるとともに、それらについての理解をはかり、環境を保全する態度を育て、生物と環境の関わりについての見方や考え方を持つことができるようにする。

時程　9:40　学校出発
　　　9:51　バス学校前
　　　　　　国際村センターでトイレ
　　　10:20　植樹場到着
　　　　　　植樹活動
　　　11:30　出発
　　　12:01　バス国際村センター
　　　12:10　学校到着

作業の方法
①シャベルで穴をきれいに掘る。「深さはシャベル2個分位」
②バケツの中の水だけを入れる。
③腐葉土を入れる。後で表面に敷く分だけ、少し袋に残す。
④周りの土を入れる。腐葉土と土を混ぜる。
⑤ペットボトルの水をかける。
⑥苗の根より少し大きめの穴を掘る。
⑦苗を植える。（土と一緒に両手でそおうっと苗を植える。）
⑧残りの腐葉土を穴一面に入れる。（周りの高さ位にする。）

⑨苗の周りを両手で挟んで、上からかるく押さえ安定させる。
　Check
⑩番号札を立てる。
⑪道具をかたずける。
　じょうろ、移植ゴテ、バケツ、ペットボトル、ゴミ　その他

　1月27日が植樹の日です。前日になって、雨水が使い古した風呂おけに思ったほど溜まっていないことが判明したので、当初予定していた一人2ℓのペットボトルの水の他に、急遽ビニール袋一袋の水を用意しました。買った腐葉土は業者に現地まで運んでもらいました。シャベルや水やバケツなどは、地元の人が小型トラックを出してくれました。現地に子どもたちと行ってみると、新しいメンバーの方々も加わって、地元の応援の方々が待っていてくれました。一人1本ずつのクリの苗を植えました。刈ったカヤは5cm位の大きさに切って、チップになって山積みされていました。私は子どもたちが学校へ帰った午後、カヤチップを植えたところへ入れました。
　その後、風の日雨の日があり心配で見に行きましたが、大丈夫でした。この時、隣地の草刈りが次年の6年生のために始まっていました。じつは校庭のクリの実が昨年度は不作で、次年度のために拾えたクリの種が少なかったのです。さらに植える時に、水に入れて沈んだクリの実を選んだのですが、それも数は多くありませんでした。クリの発芽率は今までの経験から考えると、4分の1から半分位です。このようなこともあるので、苗木を育てるには、苗を毎日見て回り、目配りをすることが必要です。何か新しいことをする時には、その時ばかりでなく継続した作業が必要となり、疎かにする

と続いていかないという常識的なことを自分に課すことにもなりました。

　3、4年生が移植したポットのコナラ苗とクヌギ苗は、冬を越して、若葉が出てきました。2年後には国際村クリ林の隣に地植えの予定です。4年生は、コナラ・クヌギを季節ごとにスケッチし、変化を観察することにしました。

　2011年3月11日に「東日本大震災」がおきました。本校では低学年が帰っていく時刻でした。立っていられないほどの揺れでした。しばらく後、3～6年生は理科の時間に地震の学習をしました。学区に活断層が走っていることを知った子どもたちは、驚いていました。東北地方のために、何ができるだろうかを考えました。ガレキのところに自分たちの育てているドングリ苗を植えるという考えには、4年生の多くの子どもたちがそうしたいと言っていました。3年生の育てたヒマワリの種がバケツ一杯とれたので、ヒマワリで塩分をぬくというプロジェクトに、送りたいと3年生の子どもたちは言っていました。理科学習が生活の中にあり、生活と直結した学習になることは、子どもたちが心から望んでいることです。

　下山川を中心にした学習から、周辺の生き物と共存していく学習や、植樹のための学習へとつながり、環境への取り組みになったことは、たくさんの方々の支援のおかげです。感謝いたします。

自由研究

〈目標〉

　小学校理科の教科書に、「自由研究」の単元があります。単元目標は「これまでに学習したことをもとにして、自主的に研究したいテーマを考え、研究方法やまとめ方を計画し、調べたり作ったりすることができるようにする」です。

　小学校理科の目標は次の通りです。

　「自然に親しみ、見通しを持って観察、実験などを行い、問題解決の能力と自然を愛する心情を育てるとともに、自然の事物・現象についての実感を伴った理解を図り、科学的な見方や考え方を養う」

　まさに、自由研究は子どもたち一人ひとりが、理科の目標をめざし、能力と心情と知識と考え方を豊かにする絶好のチャンスなのです。興味を持った自然・事象について主体的に問題解決活動を進めていく学習を促すことができます。単元目標の中に書かれている「これまで学習したこと」は、この単元が7月頃になっているので、次のことが考えられます。

| 3年生 | 動植物が対象。事物・現象を比べる。 |

4年生	風・ゴム・電気・磁石・重さ・光・動植物・気候・星など対象が3年生より広がる自然の不思議さやものの正しい姿をとらえる。変化とその要因とを関係づける。
5年生	巨視的・微視的に扱う。条件制御などをしながら、観察・実験を行い、関係性をみい出す。
6年生	原因や規則性・関係を推論する。生物の飼育・栽培、科学工作や地域や自然や生活の中から既習内容の発展を扱う。

　この単元の年間配当時数は各学年3時間扱いですが、「0時間に短縮してもよい」となっています。
　自由研究こそが子どもたちが今まで育くんできた**理科の力を発揮するチャンス**であり、教師にとっては、自分の今までの指導のあり方を子どもたちが見せてくれる機会になるのです。つまり、子どもたちは自らの実態を見せて、私の指導についての評価を私に示してくれるチャンスなのです。理科の力には、知識・技能と課題を解決していく力があると思います。知識・技能については理科の時間に私は机間順視をしながら把握できますが、課題を解決していく力については、目に見えてはっきりととらえることは難しいです。それが、自由研究の提出物を見た時、自分の指導の全容を見せつけられたようで、愕然としました。

〈2008年の実態〉
　理科専科1年目の2008年9月に3、4、5、6年生の自由研究レポートを見ると、次のようでした。
○インターネットの項目を印刷し、カラフルなプリントが数枚たば

ねてある。
○始めた時と終わりの頃ではテーマが違ってきているので、何をやっていたのかわからない。
○観察を１回だけ行った。
○歴史について調べてきた。
○やってない等々。

そこで次のことに取り組みました。レポートの書き方のプリントを理科ノートと自由研究ノートの表紙裏に貼らせました。

（レポートの書き方）
1　題名（詳しく）
2　仮説
予想、
理由（今までの実験や生活の中で見たことから考えると……だから、……だと思う。）
3　道具、材料
4　方法、順序（①②③と書く。絵と文で、→で、）
5　結果（表、グラフそして文で書く。実験して……、見たことは……）
6　考察（題名について考えたこと、仮説と違ったのは、……）
＊1、2、3、4は実験前に書く。5、6は実験後に書く。

1つの実験の流れを示したもので、毎時間この流れのように理科の学習がすすんでいくことを示しました。また、レポートを書く学習を設定しました。すでに終わっている実験なのでわかっているは

ずなのに、テーマを文章で表現できなかったり、予想のところに、自分が予想したことではなく、結果をそのまま書いたりしているレポートがありました。子どもたちが理科の学習の仕方がわかっていないのです。

〈授業の仕方を考え直す〉
　そこで私は自分の授業を反省し、毎回板書には、実験のテーマ・予想される例・理由・実験器具・方法・結果・結論を順をおって項目立てて、書くことにしました。問題解決の過程を、授業が終わった時に目で見えるようにしたのです。〈準備する物〉を書くチョークは黄色で板書しました。ここを見て各グループで準備をしました。
　ノーベル賞を受賞した小柴昌俊さんや宇宙飛行士の山崎直子さんの話をしました。お２人とも子どものころ興味を持ったことを、大人になっても研究をし続け、ノーベル賞受賞や宇宙飛行士になるまでに至ったということです。子どもと言えども、自然について不思議だなあ、美しいなと思ったことは、とても大切なことであること、またノーベル賞学者と言えども、自由研究を継続していることを話しました。
　そう言えば、私が退職後に通った農業学校での卒論のことを思い出しました。テーマを決める時に、指導教官が何度も私に詳しく聞いてきてくれました。卒論はナスの栽培に関するものでした。毎日が農業のいろんなことに驚きの連続で、卒論のテーマを忘れてしまいそうになりました。それでも、テーマに沿ってまとめることができて、ほっとしたことを思い出しました。そのことを考えても、最初のテーマをしっかりと決めることが大切であることがわかりまし

た。ちなみに、農業学校で賞をとった友人のテーマはわかりやすく、調査方法や結果の処理の仕方もダイナミックでした。

　予想については、予想をすること自体が大切であり、いわんや後でまとめる時に結果としてわかった知識を書くことでもないし、他の人が発言した内容を書くことでもないことを徹底して説明しました。予想をすることがなかなかできないクラスがありました。そのクラスでは「正しいことを言うこと」が求められてきたようです。「自分が思ったことを言ってよい」「クラスの中でいろいろな考えがあってよい」という**クラス文化**がないクラスでは、「予想をする」ということがなかなか定着できません。

　低学年のうちから、日常的にクラスづくりをしていくことが大事です。しかし専科の理科の学習は理科の時間にしなければなりません。実験・観察を通して自分が変容していくことこそが大切なのであって、初めから正しい答えは求めていないことを、その都度伝えました。

　実験の前に予想をノートに書いていた時のことです。予想がA案2人、B案21人に分かれた時がありました。テストのできる友達の予想がBだったのを見て、自分の予想をBにした子が多かったようです。実験の結果はAでした。そこで、「他人の挙手を見て予想を決めてはいけません。予想は、今まで生活の中で見たことや過去の実験から思えることを基にして、自分で判断すること」を子どもたちに言いました。予想の後は理由を言い合い、友達の意見を聞いて、自分の予想を変えてもいいことにしています。友達の発言の内容をよく聞いてないと、誰が言ったからその予想にしたということになってしまいます。

実験の後には、子どもたちは自分の実験結果をノートに自分の言葉で書きます。その後に気づいたことを発表します。私が仲間分けをしながら板書していきました。その中の項目について、子どもたちは、自分の意見を言っていきました。
　大切な結論は赤チョークで囲って、印象づけました。理科では教える「言葉」があります。「てごたえ」「白だく」「体積」「溶ける」など、日常的に使っていない言葉を使えるようにしていきました。結果と考察の区別はなかなかわかりづらいので、**結果は目で見たことを中心に書き、考察は頭の中で考えたことを中心に書くこと**を合い言葉にしました。毎時間、この流れで学習していきました。

〈2009年の変化〉
　次の年の2009年9月、自由研究のレポートを見ました。昨年よりは、インターネットそのままのプリントを出してくるのはなくなりましたが、レポートの書き方は、徹底されたとは言えませんでした。それで、次の年には、7月に自由研究の話をするということはやめました。4月から自由研究の話をしました。

学年だより「理科の自由研究をはじめます。」
　テーマは不思議だなあ、調べたいなあと思うことで、毎日、または一週間ごとに短時間でできることにしましょう。できれば、居間の近くでできることだと、忘れないでおこなうことができるでしょう。実験、観察は、条件を統一して、比較しながら、継続しておこなうことが必要です。様子は絵と文で記録します。その時に、気づいたことを書きましょう。そして、表や

グラフにしてから、自分の考えを書きましょう。自由研究で一番大切なことは、予想理由と考察です。考えたことを詳しく書きましょう。予想、実験方法、実験結果、考察の順に書きましょう。

提出は月に１回程度です。中村が見て、メモを渡しますので、それも考えて研究を進めましょう。まとめは８月におこないます。９月に提出した時に、わたされたメモを見て、更に考察を考えましょう。

教科書を参照してください。

月１回、月の中旬に自由研究のノートを集めました。１カ月を待たないで、自由研究ノートを提出する子もいました。テーマは変えていってもよいことにしていましたので、テーマを変更する子どもたちがたくさんいました。テーマを生活の中から見つけ出すこと自体が難しいのです。そのつど計画表は書き直しです。それでも、７月中旬には、ほとんどの子どもたちはテーマが決まっていました。

また、提出のたびに私は、よいところや次にやったらいいことをメモし、ノートに貼って返しました。

表やグラフの書き方やまとめ方のヒントを書きました。内容が変な方向に行っている時には、考え直すように書きました。思いつき

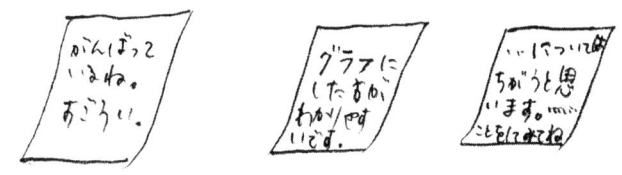

だけで、自由研究をやっていても何らまとめることはできません。

〈まとめる方法〉

「トマトの生長」葉の数の変化

月	日	ひなた	ひかげ

エンドウマメの生長

月　　日

	草たけ	茎の太さ	葉の数	葉の大きさ	つるの数	つるの長さ
①-ア						
①-イ						
①-ウ						
平均						
②-ア						
②-イ						
②-ウ						
平均						
③-ア						
③-イ						
平均						
④-ア						
④-イ						
平均						

草たけは、巻尺ではかる。
茎の太さは根元に糸をまわしてはかる。
葉の大きさは一番大きな葉の一番長いところをはかる。
つるの長さは一番長いつるをはかる。

	花や実の色の変化		
	何も入れない色水	すを入れる	石けんを入れる
オシロイバナ			
アサガオ（赤）			
アサガオ（青）			
アサガオ（桃）			
サキツユクサ			
コスモス			
ダリア			
マリーゴールド			
ケイトウ			
バラ			
ベゴニアの葉			
アカジソの葉			
ハゲイトウの葉			
ムラサキキャベツ			
ゴウシュヤマゴボウの実			
イマビワの実			
ヤマブドウの実			
イヌホウズキの実			
スモモの実			

〈**条件をきちんとさせる**〉

　4年生のI君が氷の溶け方の実験をしていました。彼は家庭の冷蔵庫の氷を使っていました。氷は、四角形や丸形をして、体積も表面積も一定でないので、計画的なレポートにはほど遠いと言えます。そこで、条件を一定にすること、氷の大きさを同じにすること、時

間を一定にすること等を伝えました。比べたい条件だけを変えることを、丁寧に具体的に理解させました。彼の情熱がきちんと実るようにさせたいと思いました。メモだけだとだんだんモチベーションが下がってしまうようなので、顔を合わせるたびに声かけをしていきました。毎日、今日は誰に伝えるかをメモして、自由研究のサポートをしました。

〈木原記念こども科学賞〉

9月に提出されてきた自由研究ノートは、昨年とはかなり違っていました。3、4、5、6年生115本のレポートの内、40本を、「木原記念こども科学賞」に応募しました。「動物や植物の不思議なことや生きものとのふれあいについての観察、調査、実験、標本」が課題です。財団法人木原記念横浜生命科学振興財団が主催をしています。3年生のF君の「ありの好きな食べ物調べ」とJさんの「木の葉の形と大きさ調べ」が、入賞しました。講評は、

> 講評
>
> 優秀賞の二作品も、とても素晴らしいものでした。
>
> 「アリの好きな食べ物調べ」では、様々な食べ物を用意し、そこに集まるアリの数を数え表にまとめるという、観察の基本をしっかりとした作品でした。アリの好きな食べ物を三色にわけ、「エネルギーを作る黄色や体を作る赤いものを食べる」という考えが、とても面白いです。学習の成果を観察結果に当てはめて考えてみる態度が素晴らしいです。
>
> 「木の葉の形と大きさ調べ」では、観察した葉を写真に撮る

> だけでなく、直接カードにしてしまう発想が素晴らしかったです。このカードを使った遊びを考えることもできそうですね。このカードの数をぜひ増やして、植物博士になってほしいと思います。
> 　さて、今回の入選作品に共通していた、「自然を愛する心情」と「丁寧な観察」を大切にすると、身近な生き物たちの不思議をたくさん発見することができます。低学年のうちに身近な生き物に深く触れたり広く触れたりして、いのちの素晴らしさを感じ、いのちを大事にする態度を養って下さい。

〈神奈川県青少年科学作文コンクール〉

　10月に「神奈川県青少年科学作文コンクール」に応募しました。「青少年が日常生活における科学的事象を実験や観察を通して研究し、その成果を作文にまとめることにより、科学に関する興味を持ち理解を深めることを趣旨とする」として、神奈川県立青少年センターが募集しているものです。これに応募した31人は、自分の自由研究を作文の形に書き直しをしました。提出されたものは、ほとんどが普通の作文でした。レポートの書き方について、詳しく説明をして、書き直しをさせました。応募規定は200字詰め原稿用紙8枚以内です。

> 〈科学作文の書き方〉
> 題名
> 　　　　　　　　　　　　年　氏名
> 動機（詳しく丁寧に）

なぜこれをしたいと思ったか。

何を調べたいと思ったか　……かどうかたしかめたかった。

自分が何をしている時に、そう思ったのか。

場面、会話文

「方法」

しらべ方は……

1……2……3……

用意した物は……

1……2……3……

「結果」これをして、わかったことは……

A1の方法をした結果1……

2……

3……

または、B最後に分かったことは、

1……

2……

「考察」

「動機」で書いたことの答が出たかどうか。

予想通りだったのか、予想とは違った結果が出たのか。

感想

思ったこと　「……なあ」の文末。

これをしてこんな疑問がわいた。

ヨコガキ。文のみ8枚以内（7枚以上）　図表には図1、図2とし、文中には「図1のように」「表1のように」と書く。

（図表は後ろにつける。）

200字詰め原稿用紙8枚以内という規定です。しばらくしてから青少年センターから電話がかかってきました。2人のレポートが入賞したということでした。Hさんが入賞なら、他の数人のレポートも入賞するはずだと私は思いました。自由研究をしてレポートを書いて、入賞した子だけが誉められるのは、意に反している思いがしました。それぞれの子どもがその段階で努力したことを認めることが大事だと思いました。
　子どもはその時点での自分の力で、自然に働きかけて自由研究をしてきたわけです。自由研究をする過程を通して自らの知を作っていくのですから、外部に応募した結果の評価だけを重視するのは、よくないと考えました。そこで自由研究を出した子ども全員に、恐竜のシールつきのしおりを手作りして渡しました。

　夏休みが終わって自由研究を提出しない子は6年生に4人いました。彼らには卒業する3月まで、こんなことをしたらどうかとテーマを持ちかけました。「考えておく」とその場しのぎの返事ばかりで、結局やりませんでした。彼らにとって、休み時間は自分を発散させる時間であり、放課後でも時間があれば、担任から宿題の催促

をされたりしていました。自由研究をやらなくてもきりぬけられるという感じを持ったまま中学校へ行った彼らに、言いようのない寂しさが湧いてきます。

〈発表会〉

　私は、自由研究は内容のいかんにかかわらず、提出してクラスで発表すれば、合格にしていました。自然の事物・現象は、たくさんの情報を発信しています。

　そこから、自分に関心があることをテーマに選び、多い少ないや的確かどうかといった問題はあっても、データを収集する活動をして、テーマとして選んで取り組んだのですから。自由研究の発表会では友達から拍手をもらうことで、どの子も自分の自由研究に誇りを持った顔に変化していました。聞いている子は発表者に手紙を書きました。

〈友達の自由研究の発表をきいて〉
夏休みの理科
　　　　　　　　　　　　　　年　名前
　　　　　さんへ
_____
_____
_____
_____
_____

また、聞いている子は、自由研究のテーマって、こんなところにもあるんだと気づいていったようです。子どもたちの反応は、「テーマ」と「わかったこと」の関連について、はっきりしない場合には、あまり拍手がおこりませんでした。テーマの設定の仕方が曖昧だとよくないということが、子どもたちにもわかるのです。

〈2010年〉
　2010年も4月当初から、自由研究に取り組みました。昨年の反省にもとづき、テーマ設定の文章にこだわりました。「……かどうか調べる」「……と……を比べる」等と、文末を詳しく書くようにしました。すると、予想がしやすくなり、予想のわけを自信を持って詳しく書けるようになりました。見通しを持って、自由研究の観察・実験をするようになっていきました。
　9月になって、「木原記念こども科学賞」にレポートを26人分応募しました。3人が入賞し、そのうちの一人は優秀賞でした。10月県青少年センターの募集に39本のレポートを応募しました。2本入賞しました。その内の1本については、授賞式の当日に、プロジェクターで報告をしてほしいとの連絡が12月に入りました。

〈2010年　青少年科学作文コンクール〉
　講評
　みどり賞（みどりの保全・環境特別賞）を受賞したMさん（小学校3年生）の作品「水の中の小さな生き物」は、オタマジャクシを飼育する中で、水槽の水が緑色に変化することに疑問を持ち、水槽の水・水道水・池の水の3種類で変化とプラン

クトンの増殖をする様子を丁寧に観察し、自分なりの言葉でしっかり記録をしている作品です。

〈朝会で〉

　県青少年センターでの本番の前に、発表の練習という名目で、学校の朝会で全校の子どもたちの前でMさんは発表をしました。全校の子どもたちは、真剣に聞いておりました。自由研究は、自ら自然に働きかけることが大事なので、内容にはあまり言及しないで合格点としていたのですが、子どもたちの中には、全校の友達の前で発表をしたいなという思いになった子どもが多数いました。

　「先生、ぼくも今度みんなの前で発表したい」と言って来る子どもたち。子どもにとっては、県で一番になったり新聞に名前が載ることよりも、全校の友達の前で発表をするのが一番なのでしょう。なにしろ、単学級で全校の友達の名前を知り合っている仲ですから。この朝会のために、プレゼンテーションの映像に修正を加えたり、Mさんの声の出し方や間の取り方の練習をしてきたかいがありました。

〈高学年の自由研究〉

　今まで入賞したのは、3、4年生のレポートが多いです。5、6年生の入賞は、1点しかありませんでした。それは、学習が3年生は「事物・現象を比べる」4年生が「変化とその要因とを関係付ける」という内容であることで、自由研究で子どもたちがある程度努力すれば達成可能な検証方法だからだと思われます。

　5年生は「条件制御をしながら観察・実験を行う」、6年生は「原

因や規則性・関係を推論する」という学習内容です。5、6年生には、テーマ設定や実験・観察方法を吟味し、予想の理由や結果からの考察に力点を置くことが求められていると考えられます。私は日頃の理科の指導のあり方を変えねばと思いました。子どもたちの自由研究が私の理科指導のあり方を熟慮することを教えてくれました。

〈キュリー夫人伝と福島原子力発電所〉

　2011年2月、日本化学連合がキュリー夫人の伝記を読んだ感想文を募集していることを知りました。Lさんの発表があったあの朝会で校長さんが、2011年は世界化学年であることや、キュリー夫人のように研究をしていく努力の人になってほしいことを、子どもたちに話をしていました。そこで、キュリー夫人の姿勢と、自由研究に取り組む自分の姿勢を考えて、感想文を書くことにしました。図書室のキュリー夫人の伝記の本を全冊と、葉山町内の小学校3校の図書室にあるものと葉山町立図書館、逗子市立図書館、横須賀市立図書館のキュリー夫人の伝記をあるだけ借りました。3、4、5年生の子どもたちが読みました。

　図書館の本は借り出し期間が2週間なので、誰がどの本を読んでいたかのメモをしてから、また借り出しの手続きに行き、合計で6週間借りました。子どもたちは感想文にはあまり取り組んだことがないようでしたので、感想文の書き方の例を示しました。

〈感想文の書き方〉
題（感動したことを題にする）
（四月の学年）年生　名まえ

1. その題にした場面やことばや、キュリー夫人のせいかく、また、その題にしたわけ。
2. 自分の自由研究のことを書く。
なぜそれにしたのか、どんなことを努力したのか、思ったこと。
3. その題にしたわけと比べて、自分の自由研究について思ったことを書く。
4. キュリー夫人の尊敬できること。
5. こんどの自由研究をどうしたいかを、キュリー夫人を参考にして書く。

　インフルエンザにかかってしまった子どもは、春休み後に提出すればよいことにしました。
　3月11日に、東日本大震災が起こりました。福島の原子力発電所が壊れ、福島の人々は大変なことになりました。テレビでは、毎日のように原子力について報道していました。キュリー夫人も関わった原子力についてです。4月に学校に行くと、子どもたちは、原子力とキュリー夫人のことを話しかけてきました。科学の役目、科学者の仕事について、子どもたちに考えてほしいと思いました。そこで、学校にあった「わくわく原子力ランド」（文部科学省　小学生のためのエネルギー副読本）を中心に、授業を新4、5、6年生にすることにしました。
　3月に、私は原子力発電関係の本を読みあさりました。どういうふうに考えればいいのだろうか自問しました。大学生の頃、反対運動があったことや私の化学研究室から原子力研究所関連に就職した友人のことを思い出しました。

でも、その後、私の頭の中から危機感が薄れていきました。日常生活の中で、定期検診でレントゲンのお世話になることだけが私の生活になってきていました。どうしてこうなってきてしまったのでしょう。子どもたちに、原子力について「考えていかなければいけないこと」として、授業を組むことにしました。
　授業は次のように進めました。
①手回し発電機で羽根車を回してみる。
②電気を作っているところ。
③日本の原子力発電所の数。
④今までの世界中での原子力発電所の事故。
⑤福島の人たちの現状について話し合う（前時に宿題に出してありました）。
⑥キュリー夫人の発見について。
⑦科学の進歩についてどう考えていったらいいか。

〈宿題〉　　　年　なまえ（　　　　　　　　　　）
①今、テレビやラジオで言われている福島県の様子。
②放射能のこと。

　この授業の後に、子どもたちは３月に書いた感想文の続きを書きました。福島や科学についての考えをつけ足しました。そして、日本化学会に送りました。数日後、A君の感想文が入賞したとの手紙が来ました。A君はポーランド大使館に招かれ、ノーベル賞を受賞した野依良治さんとも会ったと話をしてくれました。
　この年、ファームで育ったタマネギを運動会で売りました。売上

金をどうするか話し合った時に、6年生の子どもたちが被災地に送りたいという考えを表明しました。本校の子どもたちも力強く生きているなという感慨を持ちました。神奈川新聞社を通じ、送金しました。

〈2011 年度〉

　2011 年の自由研究は4月から取り組みました。題材は昨年度取り組んだ成果に基づいて、あまり違わないものの方がよいと話しました。新しいことに取り組んでもいいとも話しました。

私の自由研究　　　　　　　　年　氏名

1　去年の自由研究の内容

2　去年の結論

3　疑問に思ったこと

4　今年の自由研究（去年の自由研究の続き）

高学年は特に実験、観察の前に、変える条件と変えない条件をはっきりさせるようにしました。しかし、これはなかなかできませんでした。日頃の理科の時間の学習の仕方が、不十分だからだと思いました。それで、ふだんの5、6年生の理科の時間の話し合いの時に、条件の決め方について、丁寧に説明をしていきました。1学期に5年生の発芽の条件を調べる実験、6年生の燃焼する気体を調べる実験で指導に取り組みました。

　5年生のO君は、大きなシャボン玉を作る自由研究で、条件を変えて97回の実験を行いました。6年生のSさんは、ホウセンカとレタスが発芽と成長段階で好きな光の色があるのではないかという実験を各1回ずつ行いました。二人とも条件制御の意味は理解できていると思いました。Sさんは、もっと実験数を増やせばよかったと思います。O君の自由研究は、考察をもっとしっかりと行えばよかったと思います。二人とも入賞はしませんでしたが素晴らしい研究でした。

　もう一人、5年生のP君が10カ月間、月の出・月の入の時刻について計算・観察をしました。彼も入賞はしませんでした。外部団体で入賞しなかったレポートでも、私にとっては、誇れる内容です。

　この年の応募先は次の通りです。木原こども科学賞、神奈川県青少年科学作文、「何でもはかってみよう」〝シゼコン〟、旺文社。

　内容によって、私が応募先を割り振りました。木原こども科学賞では、3年生のQ君の「国際村の野鳥かんさつ」が最優秀賞になりました。

〈講評〉
「国際村の野鳥かんさつ」
　最優秀賞の「国さい村野鳥かんさつ」は二部構成の力作でした。第一部の「す箱をかける」では、自分が作った巣箱にシジュウカラがやってきた時の驚きやヒナが巣立った時の感動が写真や言葉で丁寧に記録されていました。また、第二部の「野鳥をかんさつする」では、毎日の観察をわかりやすく地図に記録し、さらにその結果を表にまとめていることが素晴らしいです。さらにその表から、季節と鳥のくらしの関係を発見できたことがとてもよかったです。本やホームページといった資料や、実際に拾ってきた羽なども上手に使うことができていました。

　神奈川県青少年科学作文コンクールに4年生のMさんの「アリの巣の中はどうなっているの」が入賞しました。

〈A君とT君〉
　4年生のA君がずうっと自由研究を提出しませんでした。かびの観察を、3月の終わりになって、ようやく発表しました。その日たくさんの質問の中に次のような発言がありました。「それでは、比べたことにならないと思います。1回目が皿の上に乗せて、2回目はペットボトルの中でやったのでは、条件が違うので、そのまとめではダメです」と、T君が言いました。T君、素晴らしいです。
　私はA君がやっと自由研究の発表ができたので褒めましたが、T君は発表内容をよく聞いていたので拍手をもらいました。条件制御について、子どもたちが目を向けることができるようになったの

です。私は自分の心の中に力が湧いてくるのを感じました。

　冬休みが終わって、応募先から自由研究ノートや作文が返ってくると、また、自由研究に取り組む子どもたちが出てきました。4年生は、特に、Mさんが入賞したことを褒めると、たくさんの子どもたちが、新たに計画表を取りに来ました。

〈2012年〉
　2012年度は、4月から始めるのでなく、春休みのうちに、テーマを考えてくることにしました。ゆっくりと時間をかければ、自分ができない無理なテーマは考えないだろうと思ったからです。それまでは、指導書に掲載されていた各学年の自由研究の例を子どもたちに提示していたのですが、本年は私がおもしろそうだなと思ったことをプリントにして、3、4、5年生の子どもたちに渡しました。

【資料】
〈自由研究のテーマの例　2012〉
① いきもの
・アサガオの花をきれいにさかせる。肥料をてづくりでやる。
・ジャガイモのこいもはどこにできるのか。コップのなかでやってみる。
・スイカの種の大きさと実には関係があるか。
・種を半分に切ると発芽するか。トマト、カボチャ。
・パンのかびはどんなところではえるのか。
・野菜を長持ちさせるにはどうしたらよいか。やってみる。
・葉っぱのつきかたにほうそくがあるのか。

- カントウタンポポは上山口・木古庭のどこにあるか。
- メダカはいつ受精するのか。
- メダカは何をたべるのか。
- メダカはどうやってにげるか。
- ムラサキキャベツの液のなかにメダカを入れると、液の色はどうなるか。人の呼気。
- トウキョウサンショウウオは葉山のどこにいるか。
- ホタルは葉山のどこにすんでいるのか。
- 下山川で見られる鳥はどんな足の形をしているか。
- 下山川の上流、中流、下流にはどんないきものがいるのか。
- 土の中（ミョウガの畑）にはどんな生き物がいるか。
- 鳥はなぜ飛べるのか。どんな体をしているのか。
- カブトムシを育てよう。しっぱいしない育て方。光は？
- オタマジャクシを育てよう。前足はどっちがさきに出るのか。
- ヤゴを育てよう。卵、ふか、えさ　ニワトリ、ひよこ。
- ウーパールーパーを育てよう。えさのたべかた。
- スズムシを飼う。おす、めす、なきかた。
- カマキリを飼う。えさ。
- カイコは何色が好きか。
- アリの巣の中はどうなってるか。
- ダンゴムシは歩く時どの足を動かすのか。どのくらいのはやさか。どっちに行くか。
- ミツバチは何をしているのだろうか。みつろう。
- 蜘蛛はどう成長するのか。顔の模様。くもの糸のはりかた、えさのとりかた。

- テントウムシ　模様、日にち、草。
- セミのぬけがらを集める。セミの鳴き声を記録する。日にち、木、場所。
- 新鮮な魚（サバ、コノシロ）の内蔵を調べてみる。
- 花粉症の花粉の形をしらべよう。
- 野菜のつぎきはどうやるとせいこうするか。
- ダイズでもやしを作ろう。温度、日光、水分。
- 水耕栽培をしよう。ミニトマト、レタス。
- 水にしずんだイネの種は何個発芽するか。浮かんだ種はどうかな。
- 種を切って、ヨードチンキで色を見てみよう。トウモロコシ、イネ、カボチャ、アサガオ。
- でんぷんがあるかしらべる。ジャガイモをすってガーゼでこしてヨードチンキをたらす。
- たねはどうやってはこばれていくか。カエデのたね、カキ、クッツキムシ。
- カーネーションを青いインキと赤いインキにつけてみる。食紅。
- 台所の残り野菜をインキにつけて、水の通り道をみる。
- カイワレダイコンがよく育つ水はどれか。水道水、塩水、油の水、どぶの水、海洋深層水。
- 生まれたばかりの赤ちゃんは何をしているか。
- ナスのつぼみはどっちを向いているか。雌しべ、雄しべの長さ、アサガオの花、イネの花。
- カボチャの花の受粉した場合としない場合の実のなり方、ニ

ガウリ。
・食事で食べた物のもとはなにか、牛乳、牛、草。
・ホルモン料理の時は虫眼鏡で観察しよう。スケッチ。
・葉山町の街路樹にはどんな木が植えられているか。
・きのこのはんしょくのしかた。
・散歩道にある野生の植物　スケッチ、マップ。
庭にはえている植物、押し花、月ごと、マップ。

② ぶっしつのへんか
・お酢をかけると卵のからはどういうふうになるのか。
・どこの水を使うとシャボン玉はわれにくいか。大きくなるか。不動の滝、水源地、湧井戸、平ら湯、高祖井戸、滝の坂、水道水、買った水、海水。
・アサガオの花びらを雨水に入れて色の変化を見てみる。アカジソの葉、ぶどうの皮。
・アジサイの花のいろは土のせいしつで変わるのか。
・アイスクリームはどうやって溶けるか。
・食塩水のこさは上の方と中間と底では違うか。
・紅茶に入れると色が変わるものはなにか。レモン、バラ
・炭を作る。花、パイナップル、つぼみ。

③ 力、電気
・ペットボトルロケットは水がどのくらいの量の時によく飛ぶのか。
・好きな曲にあう振り子を作る。

・戻ってくるブーメランを作る。
・カチカチふりこを作る。
・シーソーで体重の違うひとと遊ぶ。
・ボーリングでストライクを出すにはどのピンをねらえばよいか。
・リモコンのじゃまをしてみよう。色紙、ダンボール、布、ビニール、アルミはく。
・電気は水溶液の中をながれるのか。コーヒー液、スキムミルクコーヒー液、水、醬油、ポリヘノールコーヒー液。
・鉛筆は電気がながれるのか。4B、シャープペンシル、色鉛筆。
・模型のモーターを分解してみる。
・IHクッキングヒーターのしくみをしらべる。
・自転車の発電機のしくみを調べる。スケッチ。
・スピーカーを作る。
・金魚すくいはどうやるとじょうずにできるのか。

④ 宇宙
・月の模様は変わるのか。望遠鏡で見て記録する。
・月の形、高さ、位置、時刻、月の出ている時間、動き方。
・皆既日食と金冠日食の違いはなにか。5月21日、11月14日どんなことがおきるか。
・あたたかい水とつめたい水はどう移動するか。
・どんな雲が出るのか。雲の形、量、動き方、天気図。
・洗濯物を早くかわかすにはどうしたらよいか。

⑤ 土地
- 葉山でわきみずはどこにあるのか。おいしさ、スケッチ。
- はやまの地層はどこで見られるのか。スケッチ。
- はやまの断層はどこにあるのか。
- 自分で作った川にみずを流してみる。水の量。
- 下山川上流から海まで歩く。石の大きさ、温度、ボールの流れる速さ、水の色、様子。
- 下山川の上流、中流、下流の水質調査。COD。
- 葉山の浜のビーチコーミングは他の浜のとどう違うか。地形。
- 水の濾過装置をペットボトルに砂や土を入れて作る。砂の量、水の量。

⑥ 環境
- やさいくずで土を作る。
- 二酸化炭素をたくさん減少させる植物はどれか。金木犀、インパチェンス、クリ。

⑦ はかる
- 飲み物の重さをはかってみよう。50ミリリットルの重さ。
- 炭酸水のふたをあける前と後のおもさをはかる。
- 石油ストーブをつける前と後の二酸化炭素の量をはかってみる。
- 自分の家の温度を測る。4箇所、朝、昼、夜
- 自転車のライトはペダルを何回ふむとつくのか。
- 自転車のブレーキをふんでから何秒でテールランプがつくの

か。
- イネ、ナノハナ、ハツカダイコン、ニンジンは水中何センチの時に発芽するか。
- ソーラーをかばんにつけておくとどのくらい蓄電するか。
- 歩くと発電するブーツはどのくらい発電するのか。
- てづくり風力発電はどのくらい発電するか。
- 5円玉のあなから見た太陽のおおきさはどのくらいか。
- ムクドリがくるピークは何時ごろなのか。
- 呼吸数、脈拍数をはかる。寝起き、食事の後、入浴後、運動後、ベットでも。
- 家族で節電すると、電気量は去年とくらべると使用量は節約できるか。
- ゴーヤの緑のカーテンはおんどを下げるか。カーテンの内側外側の温度。
- 打ち水はなんじごろが効果的か。朝、昼、夜　温度。
- ブランコで1往復する時間を長くするにはどうやればよいか、やってみる。
- どのみそしるがさめにくいか。
- ラディッシュは水の量で成長に違いはあるか。
- トマトは発芽した後、どの位の塩水でなら実がなるか。海水、
- カラシナ、ハマダイコン、ヒマワリは発芽後、どのくらいの塩分なら成長するか。
- スイフヨウの花の色は気温とかんけいがあるのか。
- ふりこの糸の長さを変えて1往復する時間を測る。
- カブトムシの力くらべ。

- 炭を入れた土と入れない土ではどっちのほうが野菜が育つか。
- ウキクサを育てて数を数えよう。水だけ、肥料を入れる、箱をかぶせる。
- 水に氷を何個入れると冷たくなるか。
- ヒマワリのつぼみのむきはどう動くのか。時刻、方位。
- リーフレタスは好きな色があるのか、青色光、赤色光ではどんな大きさになるか。
- 日の出、日の入りの時刻、場所。
- はやまの南中時刻。影が1番みじかくなるのは何時か。月ごとにはかる。
- ミジンコを大量に育てよう。光、箱
- アリジゴクはどうやって巣を作るのか。時間
- ナスを植える時、土の深さどの位に肥料を入れるとよく育つのか。1m、10cm。
- ナスの周りに虫の好きな植物を植えた時と植えない時の虫の数を比べる。ソルゴー支柱と5円玉と紙コップでてんびんを作り、野菜を測る。

⑧ テーマの書き方
1 大きなテーマをきめる。　いきもの。
2 中位のテーマをきめる。　カイコ。
3 小さなテーマをきめる。　足。
4 いつ、どこで、なにを、どうした、なぜ、いくつ。何本
5 ぶんしょうにする。　カイコの足は何本か。

このプリントの中で、子どもたちが実際に自由研究として取り組んだものがあります。
・お酢をかけると卵の殻はどういうふうになるのか。
・戻ってくるブーメランを作る。
・リモコンのじゃまをしてみよう。
・野菜くずで土を作る。
・飲み物の重さを量ってみる。
・炭酸水のフタをあける前と後の重さを量る。
・自分の家の温度を測る。
・ゴーヤカーテンは温度を下げるのか。
・打ち水は何時頃が効果的か。
・ヒマワリの蕾はどう動くのか。
・ミジンコを大量に育てよう。
　葉山の地域を調べた自由研究は数本ありました。「地域こそがミュージアム」であること、身近な自然にこそ学ぶべきことがあるということがわかるには、ある程度のサジェスチョンが必要です。
　自由研究について高学年の子どもたちの力をのばすにはどうしたらよいのでしょう。自由研究の考察や予想の段階での踏み込みが弱いのは、テーマを熟考をしていないからだと言えます。そこで条件制御についての話し合い活動を取り入れようと考えました。そのために白いビニール板とそれに書くマーカーを班の数だけ用意しました。グループで話し合ったことを書き、発表する時に使います。それまで画用紙を使っていたのですが、白いビニール板の方がすぐに消せるので使いやすいです。この白板は話し合い活動に有効でした。
　単元の終わりのテストの採点をしている時に、その単元のどこで

つまずいたのか、自分の指導のまずさを身につまされることがあります。これと同じように、提出された自由研究レポートを見た時に、子どもたちが科学する方法をどのくらい身に付けたのかを見せつけられました。子どもたちの自由研究ノートの内容は日頃の授業のあり方について、私に反省を迫るものでした。

　自由研究を学習の中に取り入れることで、授業内容は格段に整理されました。教え方についても、改善する方向を模索することができました。

　それより何より楽しいです。自由研究ノートを読んでいる時が至福の時です。私のリフレッシュタイムです。

　県科学作文コンクールで、アメンボの観察をした4年生のT君が知事賞を受賞しました。アメンボは水に洗剤や油を1滴でもいれるとおぼれてしまうので「アメンボにとってよい水を守っていきたい」と、T君は述べています。県での発表の前に、全校朝会での発表をしました。

〈2013年〉

　県科学作文コンクールで3年生のB君の「カブトムシの観察」が入賞しました。経産省の「はかってみようコンテスト」で6年生のCさんの「つるはどこがのびるのか」が特別賞、5年生のDさんの「まばたきはいつ」と4年生のEさんの「1歳の妹のことばの発達」が入賞しました。

　どれも、クラスでの発表会では、友人たちが「すごーい！」「すばらしい」と言っていました。

電気単元のロボットの学習
SPP
（サイエンス・パートナーシップ・プロジェクト）

〈一次募集〉
　校長さんからSPPの募集があることを知らされたのは、理科専科1年目の冬です。理科の予算が少なく備品消耗品が足りないことに悩んでいた時でした。金銭的支援があるということで、すぐに応募しましたが不採択でした。

〈二次募集〉
　学校に理科物品を納入しているA業者に不採用になったことを話すと、B社を紹介してくれました。B社は親身になって相談にのってくれ、募集要項の読み方、提出書類の書き方を懇切丁寧に教えてくれました。
　2次募集が新年度の4月にありました。事業主体は独立行政法人科学技術振興機構です。事業趣旨には次のように記されています。
　「サイエンス・パートナーシップ・プロジェクト」（以下「SPP」という）は、児童生徒の科学技術、理科、数学に対する興味・関心と知的探究心等を育成するとともに、進路意識の醸成及び科学技術関係人材層の形成を目的として、学校等と大学・科学館等との連携により、科学技術、理科、数学に関する観察、実験、実習等の体験的・問題解決な学習活動を実施する際の経費支援等を行います」

2009 年度

　初めての応募なので「初 A」への応募です。小学校ではロボット分野であること、大学との連携が必要であることがわかってきました。電気分野に予算がつくなら、それはそれでよいので、応募することにしました。

　大学でロボット研究している知り合いはいないので、インターネットで調べると、すぐ近くの関東学院大学工学部が、ロボコンに参加していることがわかりました。そこで工学部の小松督先生に、面識もないのに電話をして主旨を伝えました。すると小松先生は快く承諾をしてくださり、大学訪問日の約束をくださいました。そこで、B 社の方と私の 2 人で大学へ行きました。

　小松先生は、カタログを用意してくださり、学習内容の打ち合わせを行うことができました。講座名は、「新学習指導要領に対応した『ロボット・ものづくり学習』」としました。移行期だったので、5・6 年生の電気の単元の中で、同じ学習内容の部分がありました。

　単元の内容は次の通りです。

小学校学習指導要領

第 5 年生　2、内容　　A、物質・エネルギー
（3）電流の働き
　電磁石の導線に電流を流し、電磁石の強さの変化を調べ、電流の働きについての考えを持つことができるようにする。

ア、電流の流れているコイルは、鉄心を磁化する働きがあり、電流の向きが変わると、電磁石の極が変わること。
イ、電磁石の強さは、電流の強さや導線の巻き数によって変わること。

6年生は、5年生の学習内容に加えて、次の内容があります。

第6学年　2、内容　　A、物質・エネルギー
（4）電気の利用
　電気の利用の仕方を調べ、電気の性質や働きについての考えを持つことができるようにする。
ア、電気は、光、音、熱などに変えることができること。
イ、電熱線の発熱は、その太さによって変わること。
ウ、身の回りには、電気の性質の働きを利用した道具があること。

5年生の学習内容の「電流の向き」は、ロボットとつながります。
6年生の学習の「身の回りの電気の利用」として、生活の中で見かけるロボットがあります。

【資料】
〈移行期の時間数〉

	5年生	6年生
21年度	電磁石の性質　9hS	電磁石の性質・発熱　10hS
22年度	電磁石の性質　9hS	電気の利用（発熱、蓄電）6hS

第1次の応募の時の「講座のねらい」は、電気の学習のことのみを書いたら不採用でした。第2次の応募では、これに加えて日本の社会情勢や、新学習指導要領、日本の子どもたちの実態、学習教育目標にも触れて書きました。

〈2次応募採択〉
　6月に採択通知が届きました。20万円の支援を受けることになりました。10月に教科書の電気の学習のあとに、ロボットの講座を設定しました。対象は5、6年生です。

〈講座〉
　講座1日目は、まず、5、6年生合同で、最近のロボット事情について映像で見て、ロボットとは何かの学習をしました。ロボットがどんなところで使われているか、産業ロボット、車輪型移動ロボット、二足歩行ロボットの紹介がありました。次に人型ロボットの3つの機能（センサー、コンピューター、モーター）についての説明がありました。映像はわかりやすく、生活の中でのロボットの役割について考えることができました。
　質問の時間になりました。きちんと学習していれば質問が出るはずであると話すと、ほとんど子どもが手をあげました。その後の、ロボットを操作をする時間には、それを製作した大学生2人がつきっきりで教えてくれました。全員の子どもたちが、バイオロイド、KHR-2HV、マインドストーンNXT、RB2000の4台のロボットに触れることができました。当初、せっかくなので、3、4年生も参加させようか迷ったのですが、5、6年生だけでよかったです。な

ぜなら、全員がロボット操作をすることができ、ドキドキワクワクした時間を過ごせたからです。

　講座２日目は三週間後です。一人ひとりが一台のロボットを作ります。１時間で作り上げる計画です。しかし、日頃私が教えている５、６年生が、１時間であのキットのロボットを作り上げるとは思えません。そこで、事前に２時間私が授業をすることにしました。最初の１時間は部品一つひとつに記名をしながら、その名称を覚えました。あらかじめ私がロボットを組み立てた時に、作り方で気をつけなければいけないポイントがわかったので、次の１時間は説明書を読みながら、どの部品を使うのかを確認し、間違えそうな文やことばに赤線を引いて、製作のイメージづくりをさせました。

　講座２日目は５、６年生が講師の先生と１時間ずつ、ロボットづくりをしました。ニッパとドライバーの不足分は隣の中学校で借り、一人一個ずつ道具が使える環境にしました。

　講座３日目はその次の日です。でも半分位の子どもたちはあと１時間では出来上がりそうにありません。そこで、その日の午後２時間、５、６年生合同で私と行う時間を設定しました。時間割変更を快諾してくれた５、６年担任に感謝です。ほとんどのロボットが順調にすすんでいきましたが、まだまだつまずいている子どもが３人いました。彼らは休み時間に、業務員さんの元に通いました。業務員のＹさんは機械いじりが好きで、その上、自分が直してしまうのでなく、根気よく３人に付き合ってくれました。

　講座３日目の日にはロボットづくりの完成をめざしました。後半の５年生の時間には、６年生も参加し、５年生の応援活動をしました。６年生はさっきまで取り組んでいたことを、今度は教えること

になり、ちょっぴり先輩になったような気分になって、このことが、モチベーションを上げているようでした。その後、5年生と6年生でロボット対決をしました。ロボットを作る喜びを得ることがめあてであるので、勝負をするのはどうかなと迷いましたが、やってみて、それはふっきれました。

　子どもたちは広い教室いっぱいの歓声で、応援をしたり、真剣な表情で愛機を動かしていました。終わってから勝ち負けにこだわる子はいませんでした。それどころか、改良点を見つけて、自分のロボットを修正していました。講座の最後の時間に、大学の先生へ質問する時間を取りました。6年生は、ギア、リンク、クランク、スイッチや輪軸の回転数のことを質問していました。関心を持つと、子どもは学習内容を越えて、更に高みにいくことを私は実感しました。ほとんどの子どもたちが「ロボット関係に将来進みたい」と作文に書いていました。アンケートの結果は次のようです。

　(今回の授業を受けて理科・算数が好きになった。86%　おもしろかった97%　わかりやすかった95%　観察実験が好きになった95%　将来の仕事に役立つので理科算数には意味がある92%　理科算数を学ぶことは大切95%　またやりたい98%)

　SPPに応募するきっかけは予算獲得が目的であったことを思うと、あまり期待していたわけでもなかったのに、やってみたら、子どもたちの目は輝き、またやりたいと言う。ロボット研究者になりたいと言う。完全に子どもたちの反応にしてやられました。私は子どもたちのために来年度もやろうと思いました。

子どもたちの製作したロボットが自分のものになったことも、子どもたちの喜ぶもとになったような気がします。休み時間や放課後に数人で集まってロボット対決をする日が続きました。

2010年度

　2010年は「A」プランに応募しました。「A」には次のような内容が求められます。「体験的・問題解決的な学習活動を中心とする講座」で活動内容として「児童・生徒が観察、実験、実習、数学的活動等の中で考え、意見を発表する時間」や「児童・生徒が観察、実験、実習、数学的活動等のまとめを発表あるいはレポート作成する活動」を重視するとあります。昨年のように物づくりだけではなく、考える活動や発表する活動やレポートする活動が求められています。しかし、どうしたらよいのか見当がつきません。B社の方は忙しいらしく連絡がつきません。教育委員会への〆切が一週間後にせまっていました。

　以前B社の方がレゴロボットの話をしていたのを思い出しました。調べてみるとレゴロボットに詳しい会社が理科教材のカタログに載っていました。学校に出入りしているA業者に相談するとC社と連絡をとってくれました。予算についてC社と話しているうちに、レゴロボットについてそれがどういうものなのか徐々にわかってきました。この一週間で何とかしなくてはなりません。レゴロボットに詳しい神奈川工科大学の金井徳兼先生のところへ、一人で話を聞きに行きました。教育委員会提出〆切前日の夕方に、申請書が出来上がりました。講座名を「考えをまとめてロボットを創造しよう」

としました。

　新学習指導要領で入ってきたコンデンサー等の新しい学習内容への対応と、話し合い活動による課題解決に向かう姿勢を培うことをねらいとしました。金井先生の指導を受けて、教材として、レゴ社の「マインドストームNXT」を使用することにしました。6月中旬、採択の通知が届きました。ロボットキット7台を購入しました。

　その頃、研修会に行きました。1回目の研修会ではレゴでロボットを組み立てた後、物語にそってレースをするものでした。スタートしたら直角に曲がり直進して直角に曲がり、スタート地点に戻るコースだったと思いますが、私は20人位の参加者のうち3位でした。2回目の研修の時は2人1組で、3年生の子どもの母親と一緒のチームになりました。3年生の子どもがレゴロボットに取り組んでいるという話です。小さい頃からこういう世界にひたっていると脳も開発され方が異なってくるのかなと思いました。

　9月になり、校内向けのプリントを作りました。なぜなら、前年度のような通常の理科授業時間割ではすまない日程だからです。準備から片づけまでを含めて一日中3日間、家庭科室を使うこと、学校中のパソコンを使うこと、他教科の授業時間の変更のお願いをすることの了承を取らなくてはなりません。

　また、校内で行っているSPPということへの理解を全職員に図らなければなりません。昨年もお知らせはして、お手伝いや見学にもたくさんの教職員が参加していましたが、校内での理解がなければスムーズに進みません。幸いなことに、前年の5、6年生の2人の担任が子どもたちの反応を機会あるごとに職場で話をしてくれていました。

〈めあて〉
　学習のめあては次の通りです。
①ロボットの最前線を知り、社会の中で果たす役割や可能性を知る。
②「ものづくり」の楽しさ、苦労を知り、ものづくりの体験をする。
③ロボットの学習、製作の過程まで、考察、工夫の繰り返しを通して、最良を追求する。
④本年度はレゴロボットを中心に学習を進める。考えた通りにロボットを動かすためのパーツ選びやプログラミングの仕方のグループ課題を持ち、共同作業を行う。話し合いをしたり、アイデアを表現したり、創造したりする。課題解決に向かい、試行錯誤を繰り返して、一つのロボットを作っていく。本校の学校目標の指導の重点である「認め合い関わり合う力の育成」の一環とする。
⑤グループ活動の中でコミュニケーション能力を培い、友達と協力し、目的を達成するために努力していく姿勢を持つ。
⑥「新学習指導要領」に対応した学習プログラムを作成し、実践する。

〈講座の事前学習〉
　学習時間は5年生は「電磁石の力」9時間、6年生は「発熱・蓄電」の3時間です。
　単元の学習内容は次の通りです。
(5年生)「電流の働き」前年度と同じ。
(6年生) 5年生と同じ内容は行いません。なぜなら、それを前年5年生の時に学習しているからです。発熱の学習の後に、次のことが追加されました。

・電気は、作り出したり、蓄えたりすることができること。
そのため、LED（半導体）、コンデンサーの学習が入ってきました。

〈教材〉
　講座の教材はレゴブロックとパソコンです。講座の前の週に、レゴブロックのセットを袋から出し、部品毎に数をチェックしてレディネスを高めました。1グループは2、3人で1グループで1台のセットです。部品の分類をして数をチェックするだけですが、グループにより活動の差がでました。Aグループは自分たちのものだけではなく先生用のものまでチェックできましたが、コミュニケーションのうまくいかないBグループは休み時間までかかってしまいました。
　当日の講師は神奈川工科大学の金井徳兼先生です。サポートとして学生が3名来てくれました。

〈日程1日目〉
　日程については次の通りです。第1日目はまず5、6年生合同で金井先生から講義を受けました。生活の中で使われているロボットについて、また、ロボットは電磁石を使っていることやセンサーでモーターを逆回転させ電流の向きを変えること等についての説明がありました。質問の後に、ワニやサソリのロボット操作をしました。休み時間の後の3時間目に、5年生がレゴロボットの制作をしました。次にパソコンでの制御プログラムを学びました。次回は次週です。

〈2日目の前に〉
　その間に、理科の時間を1時間設定し、グループの結束を図りました。日頃、理科の時間や他の教科の時間にグループ学習が充分なされているとは言えない現状です。そんな中で長時間、グループとして、メンバー内で問題解決していく活動をするのです。ロボットの学習と並行して、いや、これをチャンスととらえて、グループ学習のやり方を習得させることが、私に課せられたのです。
　①グループの名称②めあて③形④攻略法とプログラミングの仕方について各グループで話し合いの時間をもちました。名称についてはたくさん候補名が出ていました。チームのめあてにそった名称を考えるようにさせました。
　5年生はグループ名が次のようになりました。「葉山グランパス・すすめ16号・WIN・流れ星・マイケル・WINWINWIN・U.T.K.Y.M.S.T」。めあてには、「仲良く協力する」とどのグループも書いていました。形や攻略法については、なかなか決まらないようでした。本日の授業のねらいはグループで話し合うことなので、全部決着がつかなくてもよしとしました。グループ内の意思統一とコミュニケーションを図ったのです。金井先生が3日間来校してくださる間にロボットの形を作るので、この「Aプラン」の目標の「ものづくり」は達成されると思いました。
　また、グループで取り組むので、いやおうなしにグループの中で話はするだろうなとは思いました。しかし、「コミュニケーション能力」「創造力」「分析力」「表現力」については、意図的に計画していかないと達成できないだろうと思いました。日頃の本校の5、6年生の様子では何もしないで自ずと育成されるものと待っていて

はダメだと思いました。

　そこで次のように意識づけをしました。人との関係をとる時は、**まず一人ひとりが自分の考えを持つこと**。次にそれを友達に話す。意見が違う場合は、ゴールするという目標に向かって、どの意見が妥当かについて、目標にそって判断する。また、学年内のロボコンの前に、自分たちグループの愛機についての説明と工夫についてのプレゼンテーションを行うという計画を立てました。事前に、充分話し合いの時間をとらないと、発表者を押し付け合うことが目に浮かびました。「表現力」を求めるためには、そのための充分な時間設定が必要です。

〈2日目〉

　講座第2日目です。対象物までの距離をはかり、前進させるために車輪を何回転させるのか、停止の仕方はセンサーを使うのか、何秒間にするか、回転させるのに、左右の車輪のどっちを停止させるのか、ステアリングはどうするか、角度は何度か、回転数は、次の前進は何回転か、何秒か、次の角ではどう曲がるのか、前進するのか、後退するのか等々、コースにレゴロボットを置いてみると、考えなければいけないことが次々と出てきました。

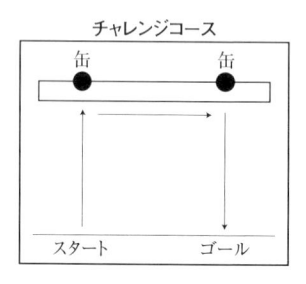

　コースでは台の上の缶を2つ倒して、スタートと同じ線上のゴールに到着しなければなりません。

　缶の倒し方はどうするか、1回で2缶倒してそのままバックするのか、1回ずつ缶を倒しては4分の1回転して前進し

てゴールするのか、それによって時間短縮に有利な形状も違います。子どもたちのロボットは最初考えていた形とは大幅に変わっていました。両手を長くしたため前進すらできなくなってしまったグループもありました。スタートからゴールまで一つの命題に向かっていくにも関わらず、どのグループも形が異なっています。ここがおもしろいところでもあります。創造力のレゴロボットです。

　また、パソコンでプログラミングする数値も試走するたびに変えていきました。試行錯誤の連続です。特に1回転で、どのくらい進むのか距離をはっきりととらえることが重要なポイントになりました。1mものさしを出してきてスタートから缶までの距離を測りセンサーを使わないグループもありました。何回やっても缶を倒せないグループもありました。グループメンバーで考え合ってやっていた筈なのに、あきらめてしまったかのようなグループには、担任がはりついて励ましたり助けたりしていました。グループのメンバーにパソコンに強い者が一人入っていないと、先生や大学生のサポートが必要になってきました。グループ構成の難しさがここにあります。

　また、制御の設定値の意味を曖昧に理解していると、集中力や興味が薄れ、ただ単に何回も試走させているだけだったり、他のことをし出してしまう子どもが出てきたグループがありました。そのグループには支援に出向くことが必要です。

　また、同じ者だけがずっと活躍していて、手だしをしないで時がすぎていってしまう子どもがいるグループがあることに気がつきました。そういうグループに「みんなで考えてやりなさい」と何度言っても浸透しませんでした。そういうグループはもう考えることが

できなくなっていました。そこで全体にストップをかけクールダウンする時間をとりました。順番を決めることと、活動を順番に回すことをゆっくりと指導しました。例えば、レゴを組み立てる時に1、2、3と順番を決めて、1番の人は、次に使う部品を説明図から捜しておく。2番の人はその部品をどこに組み込むのかを理解しておく、3番の人は実際の組み込む作業をする。これを次の時には1番の人はさっき2番の人がしていたことを行うようにするのです。

　それぞれのメンバーがずっと同じ作業を分担しているグループがありました。聞くと、その作業がその人に合っているからと言うのですが、実は発言力のある者が自分がレゴ組み立てをする係になりたいからだけなのです。

　順番をまわしているグループは、最後まで集中がきれず、意見を出し合うことが出来ていきました。

　グループで共同作業しながら学ぶということにおいて、時間をとってきちっと導いていかないと、「あの子が言ったから」と無責任グループになってしまうので、ここはきちんとおさえなければなりません。そうしないと、レゴブロックに慣れてない子どもは特に力がついていきません。グループ内で互いに研鑽し合って、力をつけていくのです。作業を初めから同一作業に分担していくやり方はマイナスです。

　また、ミスを発見しにくくなります。簡単な作業についた子の集中力が続かなくなり、何のためにこの学習をしているのかが希薄になり、だんだん投げやりになっていってしまいました。挑戦していく心をいつも持っていけるようにすることが、グループ学習の難しいところです。

また、自分の考えている内容を友達に伝えることが苦手な子どもがいます。そのままにしておくと、「自分の言い分をメンバーが聞いてくれないのならいいや」と言って、一人だけ別のことをし始めてしまいました。他のメンバーもそれには関せずといった雰囲気です。これをそのまま放っておくと、亀裂が大きくなり、最後にはグループ内で互いに邪魔になってしまいます。そういうグループにはクラス担任が入ってくれていました。グループ内の人間関係の構築がグループ活動には必要なのです。
　日頃からグループ活動を行っていないクラスはこんな時、レゴブロックに集中するどころではありません。グループで活動するメリットやグループ活動のやり方、特にモチベーションのもっていき方などを丁寧に話さなければなりません。絶好のチャンスです。休み時間には大人が集まり、子どもたちの様子の情報交換を行いました。次の時間の作戦を立てて、子どもたちのグループ内の空気も良くしていくようにしました。

　マイロボットをコースでチャレンジする直前にはどのグループもはりきっています。試行して失敗した後にグループの明暗が分かれました。なぜ失敗だったのかをグループ内で見つけようとしない、あるいは原因を見つけることができないグループがあるのです。「あ、前進の時間が短かったあ」などと言えるグループはいいのですが、黙ってマイロボットを持ち帰るグループにはアドバイスが必要です。「前進の時間をどうしたらいいのかな」「一度停止の時間を入れるといいよ」とすぐに助言をしないと、失敗の原因の分析をしないまま机に戻り、プログラミングをむやみにいじってしまうのです。

そこで机間順視して、きちんと話し合いをすることを徹底させるようにしました。そうしないと、失敗したことに自信を失くして、集中がとぎれてしまうからです。プラス思考で考えるように、明るい声で褒めながら、グループでの話し合いの方向に向かわせていきました。また、少しでも成功した時には大いに共感しました。そうしないと、そのステップから前に進まず、何回も同じことをしているだけでした。先生が喜びを大きくさせてやって、それを次に考えるためのエネルギーにさせ、次のステップへ進ませるのです。

　ここにいる5、6年生が初めから全員がレゴロボットやパソコンが好きな子どもたちばかりではありません。徐々に自信を持たせながら、子ども自ら達成感を持って学習を進めていくことが大事なのです。そうしているうちに、ほとんどのグループがスタートのほんの少しの位置のずれが試走全体を左右することや、回転の時のパワーが大きいと誤差が大きくなること等、微妙なことも体得していきました。具体的なことがわかると全体のやる気も変わってきました。

　いよいよ5年生の学年内発表会です。まず工夫したことについてのグループでの話し合いをし、そのメモを持ってプレゼンテーションをしました。各グループの発表した工夫点を板書しました。

　1回で倒すために重くした（葉山グランパス）
　重りを付けて押す時にななめになるようにした（すすめ16号）
　倒す棒を長くした（WIN）
　倒すための角を付けた（流れ星）
　後ろに重りを付けた（マイケル）
　つめるクワガタ型にした（WINWINWIN）
　一気に倒すことにした（V.T.K.Y.M.S.T）

プレゼンテーションしたグループは、すぐマイロボットを走らせることにしました。あるグループは練習の時にはゴールしていたのに、走らせ手が代わっただけで、ゴールしませんでした。このグループのメンバーは、その後卒業まで仲良く様々なことに取り組んでいきました。グループになった時の友達同士のコミュニケーションの取り方を、この学習の中で身につけていってくれたのなら、とてもうれしことです。練習の時にいつもコンスタントに成功していたグループは本番でも成功していました。考えぬかれて出された数値が適切であったからだと考えられます。得点は、倒した缶の数とスタートからゴールまでの時間で計算されました。2回戦行いました。1番は、葉山グランパスグループとWINWINWINグループで同点となりました。
　午後からは6年生の時間になるので、6年生が使えるように、レゴをもとに戻しておかなければなりません。5年生は1位になったグループのマイロボットは壊さず、他のグループのロボットは解体しました。なぜなら、数が足りないからです。解体の前にグループのメンバーと愛機でそれぞれ写真に撮り、自分たちの努力は写真と自分たちの心の中におさめました。
　当日はたくさんの方が見学に来られていました。担任はもとより、空き時間の先生方、職員、教育委員会、A社、B社、大学生等々、たくさんの方々に支えられて楽しい学習ができました。日直さん2人が、感謝の言葉を述べて、5年生は教室に帰って行きました。
　給食がすむとすぐ、6年生のための準備に取りかかりました。パソコンに残った5年生のプログラミングをデータとして保存した後は、これから使うパソコンの中身をきれいにしました。

午後、6年生は5年生と同じようにロボットを組み立てました。次の日の理科の時間には、グループごとに名前、めあて、作戦等について話し合いをしました。

〈3日目〉
　講座3日目の午前中に6年生は制御プログラムの学習とグループでプログラミング試行をしました。午後は6年生学年発表会に先立ち、自分たちグループの工夫点をまとめる時間を取り、プレゼンテーションしてから試走させました。6年生の1位のグループが決まりました。最後の時間は、5年生の1位のグループと6年生の1位のグループの対決を、5、6年生みんなで応援しました。5年生のロボットが優勝しました。
　この後、片づけをしました。その時、6年生グループの中で、人形の形をしたレゴブロッグが1個ないことが判明しました。人形の形のブロックなので紛失してまぎれたのではなく、誰かのポケットに入ってしまった可能性の方が大きいなと直感しました。そこで6年生の教室に行き、この講座はたくさんの人達の努力で成り立っている。それを理解して、片づけまできちんとすることが学習をした者のつとめであることを話しました。しばらくすると、人形型ブロックが出てきました。
　子どもたちの好きな遊び道具に近い道具を使う学習の時に気をつけなければいけないことは、道具の管理です。失くなった場合、指導者側には不快な気持ちがわきおこり、また、子ども側にとっては、いいかげんな態度を植え付けてしまいます。今後の学習態度にもひびいてきます。毅然と対処することが必要です。

〈追求する楽しさ〉
　次の週の理科の時間に、ロボット学習の振り返りを行いました。「楽しかったですか」と聞くと、口々に「楽しかった」と言っています。それでは「何が楽しかったのか」を聞くと、次のようなことが出てきました。
　①思ったことを形にして作っていく楽しさ。
　②一つひとつクリアしていく達成感。
　③少し難しいことに挑戦していく楽しさ。
　④追求していく楽しさ。
　⑤知らないことを知る楽しさ。
　⑥友達と話し合いながらする楽しさ。
　⑦物を作る楽しさ等々。
　それぞれが発言したくてたまらない様子で発表してくれました。全員が思いを言い合ったので、授業時間はあっという間に終わってしまいました。

〈感謝〉
　次の時間には、この楽しかった思いを、本校の5、6年生のために来校してくれた学生のお兄さんたちに、感謝の気持ちを込めて手紙を書くことにしました。

　作文　「大学生の方へ」
　　ぼくが、ロボットを作っている時に思っていたことは、ロボットを作るのって大変だなということです。作り方がわからな

い時に「きてくださぁい」と言ったら、大学生の方が来てくれて、快く教えてくれました。ぼくの楽しかったことは自分で考えて作るということです。どうしたら、目標の缶を上手にたおすことができるか、どうしたら速く動くことができるか考えて作るのが、大変でした。でも、やっぱり分からない時があると、大学生の方が優しく教えてくれました。グループ発表の時は、1回目は上手にできなかったけど、2回目は10秒でゴールし、得点は24点でした。結果はまあまあでしたがとてもうれしかったです。片付けの時、ぼくはロボットをくずすのがいやでした。なぜなら、大学生の方に協力してもらってせっかく作ったからです。でも、これが学んだっていうことなのかなと思いました。今回は、ぼくたちにロボットの楽しさを教えに来てくださって、本当にありがとうございました。今度は次の5、6年生にロボットのすごさを教えてやってください。ありがとうございました。

子どもたちが作ったロボット　　　　チャレンジコースで試走

　次の理科の時間に、生活の中で使われているロボットやコンピュ

ーター制御について調べました。

　2010年度の「今後の課題」は次のことです。

①校内のパソコン室のパソコンには新しいソフトをインストールできないシステムになっていて準備するのが大変でした。今後、レゴロボットのようなソフトをインストールできるようハード面での条件整備が必要です。
②ソフトのインストールの関係もあって、現状ではレゴロボットに期間限定で取り組んでいる状況です。もう少し長期にかつ自由に、子どもたちが十分に取り組み関わることができれば、子どもたちの試行錯誤や創造的な活動が更に充実することが期待できます。
③5年生が6年生に相談したり、教えてもらったりすることができるような学習形態をとっていきたいと考えています。
④実感を伴った体験的な学習であるので町内の他小学校にも、自立型ロボットの授業を広めていきたいと思います。

2011年度

　2011年の冬、SPPのAプランに応募しました。前年度より深化した内容にしました。
　講座名は、「思いをかたちに〜実感を伴ったレゴロボ学習を通して〜」としました。
　講座のねらいは昨年度よりも更に充実を図るべく、主体的な問題解決となるように学習内容を考えました。子どもたちの工夫追求す

る態度を育むことにしました。採択されました。

〈はやぶさ〉

　夏休みのロボット研修会ではJAXAの久保田孝先生の講演がありました。「はやぶさ」もロボットであることや、「はやぶさ」が地球に帰還できたのは、いろいろな人の考えを尊重し、あきらめずに努力した結果であるというお話に感動をしました。その後のグループセッションでは久保田先生と同じグループになり発想のやわらかさに感動しました。私は「はやぶさ」のファンになってしまいました。PISAの調査で日本の子どもたちは、思考力、判断力、表現力に課題の一つがあると言われています。「はやぶさ」の帰還を契機にして、日本の子どもたちの思考力、判断力、表現力が更に伸びていってほしいと思いました。

　秋になり5、6年生が電気の単元の学習をする時期になりました。校内向けのプリントで、時間割の変更や使用場所・使用パソコンの協力の他に、先生チームへの参加をお願いし、SPPへの理解を求めました。

　実は昨年度、SPPの講座1日目の前日に、私は扁頭腺炎で入院し、当日は医者の「悪くなっても知りませんよ」の言葉を後に、病院から登校しました。私だけが授業をするなら日程変更は可能ですが、大学の先生の都合、パソコンを借りた業者の都合を考えれば、日程変更はできません。左手首に入院番号のステッカーをつけたまま、子どもたちの前でしゃがれ声で話をしました。こんな昨年のこともあり、校内の理解、協力は必要な重要条件であることを思い知らされました。

〈グループ分け〉

　5、6年生の担任にグループわけをお願いしてありました。5年生は23人を8グループにするので1グループ2～3人です。6年生は26人を8グループにするので1グループ3～4人です。担任には、仲よくできるメンバーにしてほしいと伝えてありました。昨年、メンバー内で意見がまとまらず、解決方法を探すのでなくそれぞれが違ったことをし始めたグループがあったからです。6年生は、子どもたちで決めた休み時間の、仲よしメンバーのグループ構成になっていました。5年生は、男女混合でパソコンができる子が必ず一人は居るというメンバー構成になっていました。後々になって、メンバー構成の重要性を思い知らされました。

〈チャレンジコース〉

　昨年は、5、6年生が同じセンサーを同じコースにチャレンジしましたが、本年は、5年生はタッチセンサーのみで6年生はタッチセンサーと光センサーを使うこととしました。コースも6年生は光センサーに反応する黒い部分を通るコースになりました。昨年はセンサーを使わなかったグループが優勝したので、本年は必ずセンサーを使うことにしました。

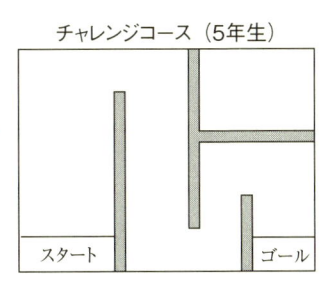

チャレンジコース（5年生）

チャレンジコース（6年生）

〈日程〉
　講座の日程は、まずロボットについての講義を受けました。電気の基礎的な学習をしたばかりの5年生はノートをよくとっていました。その後、6年生がロボット製作とプログラミングの仕方を金井先生から教わりました。
　次の日の理科の時間に、私とグループでの話し合い活動をしました。ロボットの名前、グループのめあて、めあて達成に向けて、作戦、作戦を実行するためには、プログラミングの工夫等について、プリントにそってグループで書き込んでいきました。

グループの話し合い活動のプリント
　4班
　私たちの班のロボット名は（龍 S.S.K）です。
　名前のわけは、
　（龍のようにカッコヨイ動きをし、「S.S.K」はメンバーのかしら文字をとって名前をつけました。）です。
　私たちの班のめあては、
　（「カッコヨイ動きをして1位をめざす」）です。
　そのために（メンバーで協力してカッコイイ、プログラミンを作り）ます。
　私たちのロボット作戦は、
　（サイドに物をあまりつけずカーブしやすくしたところ）です。
　そのために形を、
　（最初に作った時からあまり変えないよう）に、しました。

パソコンのプログラミングの工夫は、
　(タッチセンサーを最後に一回しか使わず、スピードをあげたところ) です。
　形の図は、次の通りです。
　ブロックを運ぶ所　タッチセンサー
　※タッチセンサーは、必ず1回は、使うこと。
　※充電をすること。

〈SPP講座　6年生各班の取り組み一覧〉

班	名前について		目当て	目当て達成に向けて	作戦	作戦を実行するために	プログラミングの工夫
	名前	付けた理由					
1	Strong43	強いという意味で43は、出席番号の合計	みんなで協力して優勝すること	みんなで意見を出し合う	ブロックを取りやすくすること	前にアームを付ける	1.カーブを素早く 2.正確に 3.パワーと時間を合わせる
2	コレクト	正確に動いて成功してほしいという願いをこめた	協力して楽しい活動にしよう	楽しみながら色々考え、全員で活動	できるだけ正確に行くこと	タッチセンサーをたくさん使う	タッチセンサーで曲がるようにしたこと
3	LEGOファイター	レゴロボットが勝てるようにの意味をこめて	なるべく勝てるようにがんばる	班の話し合い	軽くしてパワーを強くすること	形を小さくし、部品を少なめに	タッチセンサーをたくさん使う事、角度を調整したこと、パワーを強くすること、モーター片方だけ動かすこと
4	龍S.S.K	龍のようにかっこいい動きをし、S.S.Kは、メンバーの頭文字をとった	かっこよい動きをして1位をめざす	メンバーで協力してかっこいいプログラミングを作る	サイドに物をあまりつけずにカーブしやすくしたところ	最初に作った時からあまり形を変えないよう	タッチセンサーを最後に1回しか使わず、スピードをあげたところ

5	RESエンペラー	3人の頭文字ととって、チームワークをよくしたいから	チームワークをよくして、優秀をするために協力し、プログラミングを考える	ふざけないで3人の知恵を出し合う	タッチセンサーを多く使い、0.23秒を意識する。		光センサーの場所で0.2か0.3秒のあたりを工夫する
6	グロス.K	ロボットの形が気持ち悪くて、グループのみんなの名前にKがつくから	勝つ	パワーを100にし、スピードを速くします。	タッチセンサーを1回しか使わない	形を小さくする	センサーを2回しか使わないこと
7	ストロングあなみ35号	ストロングは「つよい」という意味、あなみは、名前の頭文字	あきらめずに立ち向かう	班のみんなで協力	とにかくゴール	かに&ブルトーザー	繰り返しをたくさん使うこと
8	ウィナーサイエンスブロック	SPPを楽しみながら勝ちたいから	SPPを楽しみながら勝ちたい	みんなで協力	むだな動きをなくすこと	形をコンパクトに	ギリギリに曲がってとおるところ

　6年生のめあてを見てみると、8グループ中6グループが「勝つ」ことを意識しています。5年生は「安全」「安心」という言葉が多かったです。

　2年目である6年生はレゴロボットを作るのが早かったです。大人と違って、子どもたちは、昨年取り組んだことを覚えていて、どんどん作っていくのには目を見張るものがありました。5年生は説明書を一つひとつ見ながら作っていきました。

　プログラミングに入り、6年生の子どもたちは、分担をしているようでした。「勝ち」がめあてのグループは、パソコンに強い子だけにプログラミングをまかせているグループが多いのに私が気がつ

きました。構成メンバー全員でプログラミングを考えるようにさせるために、グループのそばで私が見ている時にはメンバー全員で話し合っていましたが、私が離れてしまうと、やはり同じ子がプログラミングをして、他の子どもたちは考えている様子が見られません。「勝つ」ことに執着しているのです。

また、男子だけのチームは、普段の休み時間の力関係の中でグループの均衡が保たれているらしく、みんなで考えるということになっていないグループがありました。そのグループは、ただただ時間が過ぎていってしまっていました。今まで自分たちのプログラミングの数値もいきあたりばったりになっていると気づきました。ノートにプログラミングを書いておくように伝えていたのですが、やっていません。

そこで、急遽休み時間にプリントを印刷し、講座が5年生の時間になった時、6年生は隣の部屋で、プログラミングをプリントに書き出す活動をしました。数値がわかっているグループはそれも書き込むこととしました。これで、ようやくプログラミングがグループ全員のものになっていきました。

```
(3班)
グループ(LEGO ファイターガーズル)
ロボット名(LEGO ファイター)
①プログラミング図(パワー、時間∞、回転数、角度、センサータッチ、光、ループ……)
```

前進(パワー80)「∞」	タッチ	戻る(パワー80)「0.5秒」	前進(80)「∞」	タッチ	戻る(80)「0.5秒」	右に回る(80)540。	前進(80)「∞」
タッチ	戻る(80)「0.5秒」	左に回る(80)540。	前進(80)「∞」	タッチ	戻る(80)「0.5秒」	左に回る(62)540。	前進(62)「∞」	光センサー(50)
停止	前進0.3秒	右に回る(80)540。	前進(80秒)1秒	右に回る(80)540。	前進(80)∞	タッチ☆	終わり	

②今日の反省・改善点（数字で）

・角度をもっと調節する（540°→520°まで下げる。
→ななめにならないようにする、光センサーを確実に実行させるため。
・「一時停止」を入れてみる。
→正確な動きをするため。
・光センサーの明るさを調節する。
→実行させる。
☆に「戻る（パワー80、520°）」と右（パワー80　モーターB）、前進（パワー80　∞）とタッチを入れる。

「勝つロボット」から「グループで考えるロボット」に少しだけ方向転換ができました。

　試走の時のマイロボットの動きの分析や問題点を解決するための方法について話し合いをするように、私、学生3人、理科支援員さんの5人で手わけをして、グループにつきそいました。
　また学年発表会（ロボコン）の前のプレゼンテーションの前に

は、昨年よりも長く、グループの話し合い時間を取りました。プレゼンテーションでは、プログラミング図をプロジェクターで映し出し、プログラミング上の工夫を発表しました。この時他のグループが必ず質問をするようにしました。発表グループより4番後のグループが質問を考えることにしました。すると、数値についての質問が出てきました。ただ発表するだけよりも質問時間を設定することにより、プログラミングのポイントをおさえることができました。実はこの6年生は、自ら挙手するということができない子が多いので、順番を決めたり、必ず発言する時間を設定しなくてはならないのです。この子たちは4年生の時には、指名しなくても友達の意見について間合いをとって、たくさんの子どもたちが発言していたのです。単学級なのでクラスのメンバーは変わりません。変わったのは子どもたちが中学年から高学年になったことです。6年生になったら、なかなか表現しなくなっていました。高学年の指導の難しいところです。

　5年生は、勝つことより、安全に動くことを目当てにしているグループが多くありました。形もシンプルイズベストが浸透しており、ロボットの形状にこだわらずにプログラミングに力をそそいでいる姿が見られました。ゴールできなかったのは2グループだけでした。

　この2つのグループに一目おかれている二人がいます。二人の放課後のスケジュールは塾づけで、二人ともテストはいつも100点を取ります。しかし、二人とも、実験に手出しをしません。また、一人で組み立てなければならない理科の工作は、時間がかかっていました。

　テストはできないけれど実験は上手にできるA君は、「え、今ご

ろできた人がいるの？」等と言っていて、それを聞いてさらに実験に対して自信をなくしていったようでした。４年生の時には理科好きで、よく考えて発言をしていた子が受験態勢に入ったとたん、家庭での期待を背負ってちがう人になっていってしまったようで寂しい気がしました。今まで日本の小学校教育で行ってきた知識偏重の学習と、実感を伴った理解や喜びを味わう学習の両立はむずかしいのでしょうか。

　以前、顕微鏡で水の中の小さな生物を見た時も、顕微鏡で小さな生物を見つけることができない子がいました。その子は友達に聞くことも、プライドが邪魔してできないようです。それでいて、テストはできるのですから、私としては、授業をした意味を自問自答してしまいます。

　「レゴロボットの学習は、自分の脳みそがフル回転しているようで、楽しかったあ」と言っている子が多い中で、立ち往生している子がいました。PISAの調査結果の典型を見るようで日本の教育の一面をまのあたりにしたように思いました。思考力、判断力、表現力に課題があるのです。レゴロボットに取り組んで、それがはっきりしたのです。私の今までの指導の弱点を教えられました。

　できない子にはできるように一人ひとりに合わせた丁寧な指導が必要です。そのままおきざりにしてはいけないのです。今後の課題が、はっきり見えてきました。プログラミングを適切にできなかった者をできるようにし、たまたまできた者にもプログラミングを確かなものにするために、授業の流れを考え直すことです。ステップ毎に成功できるように、スモールステップの指導計画を考えていく方向で取り組んでいくことの大切さが見えてきました。

〈振り返り〉

　講座の後、振り返りを行い、学生のお兄さんたちに感謝の手紙を書きました。

学生のお兄さんたちへの手紙（抜粋）

○ぼくは、この学習をしてとてもよかったです。特に自分でプログラムを入れ、ロボットがその通りに動くことが楽しかったです。それに、なんとなくですが、ロボットの仕組みもわかりました。例えば、おそうじロボットは、超音波センサーで物や壁に近づくと右に曲がったりする設定を無限にして、ロボットの下にはたわしのような掃除をする物がクルクル回っているのだと思います。

○SPP はもちろん組み立てから始まりました。パーツを分けて、さあスタート。「あのパーツかな、このパーツかな」パーツの番号を確認して組み立てました。組み立てからけっこうたいへんでした。組み立てが終わったら次は『プログラミング』です。基本的には、前、後、タッチ、回転のくり返し、でも、回るところは、しこうさくごして、「パワー 45 で○秒」「パワー 75 で○回転」考えてはためして、考えてはためして、そしてようやく歓声。ヤッター。さて本番。『迷路』が楽しみです。「ようし、がんばるぞ」……さて結果は……リタイアです。しかも 2 回とも。でも楽しかった。いろいろなことを学べました。

○私は、SPP をやった 3 日間で、自分一人では何もできない

けれど、グループや大学生の方と話し合いながら、よいプログラムを作ったり、難しい迷路をゴールできるように考えたりすることが楽しかったです。私たちのグループは、結果ゴールはできなかったけれど、大学生の方が難しいところやうまくできないところなどを詳しく話してくれたので、練習の時はうまく行けました。けれど私たちのロボットは、タッチセンサーをあまり使わなかったので、充電した後は、プログラミングがゴチャゴチャになってしまいました。その時も大学生の方が手伝ってくれたので、もとに戻すことができました。私は、いろいろな楽しさを学ぶことができました。

〇私はこの３日間で、チームのみんなと、協力をしたり、失敗してもまた挑戦したりする楽しさ、今までできなかった事ができるようになった時の達成感を味わうことができました。私のチームは、練習の時はいつもリタイアしてしまい、なかなかゴールまでたどり着けませんでした。でも大学生のみなさんや金井先生のおかげでロボットとブロックがゴールまでたどり着けました。私たちのチームで今までできなかった事ができて、達成感があって、とても楽しかったです。ありがとうございました。

〇５年生の時は、コースが簡単だったけれど、６年生になって、コースが難しくなっていたので、プログラミングが大変でした。それに、今年は光センサーを使ってブロックをゴールまで運ばなければいけなかったので苦労しました。１回目の大会では、ブロックを運んだのに、ゴールできなかったのでくやしかったです。２回目の大会では、充電した時、プログラ

> ムが最初から最後までグチャグチャになってしまったので最初からプログラムを直しました。時間が足りなくて、全部直せなかったのでくやしかったです。でも今年は光センサーのことを教えてもらってとても楽しかったです。ありがとうございました。

〈解決された課題〉

　2011年度には、2010年度の「今後の課題」の中で、達成されたことがあります。

①センサーについては、コースにある5ヶ所の曲がり角で、タッチセンサーを1回使うことを条件にしました。6年生は光センサーを使うことで、達成しました。せっかく学習して得た知識ですので活用させる方向に持っていくことが指導というものです。センサーを使った方が安定してゴールできるようになり、この課題は達成できました。

②5年生が6年生にわからないことを聞く時間を設定しました。しかし、6年生でプログラミングに習熟した子どもは、たしかに5年生の子どもたちの中に入っていって、自分が学習したことを教えてやっていましたが、全6年生がしていたかと言えば、そうとは言えない状況でした。6年生自身に、プログラミング力をつけないと先輩として教える立場にはなれないのです。達成するには課題が残りました。

③新しいソフトを使用できるパソコンシステムにするのは、地域の事情もあり、達成困難です。

④講座終了後のパソコンについては、子どもたちが日頃自由に使え

るパソコンではないので、その都度立ち上げに時間がかかったり、終了時刻がせまると途中でパソコンを終了にしたり、毎回大変でした。
⑤レゴロボットの学習を紹介する機会は３回ありました。科学技術館での「科学技術におけるロボット教育シンポジウム」での発表、町内夏期研修会での紹介、神奈川県情報教育研修会での発表です。そのための論文をまとめるたびに、指導の在り方について反省し課題整理をするチャンスとなりました。発表等々については達成できました。

〈心構え〉
　SPP事業を実行するには、次のような心構えが必要であると思います。
①まず、この支援を受けたいと強く思うこと。これがないと、途中で心が折れてしまうかもしれません。
②提出書類の事務量が多いです。ふだん、理科の授業をしながらこの事務を行うのですから、意気込みを持って取り組まないと達成できません。本校では、教頭さんがたくさんの書類を提出してくれました。
③大学の先生と業者と本校３者の連絡を密にすることが必要です。メール配信を３者で同時に行いました。また、管理職と私の２人で大学を訪問し、互いの考えの理解を図りました。
④担当をする人、つまり私の立場にいる人が研修に行って、スキルアップをはかることが大事です。私の場合、自分がレゴブロックを楽しめる人間であることがわかった時、心に余裕が出てきまし

た。この余裕が、子どもたちに声かけや支援をする時に現れ、子どもたちもそれを感じ、意欲につながっていくのだと思います。私自身のレゴロボットへの理解が深まるごとに、子どもたちが飛躍的に理解を深めていったような気がします。子どもたちの成長のかぎは、**指導者の教材への理解に左右される**ことを身を持って知りました。教師の力が、子どもたちの環境となって、子どもたちの力を育んでいくのです。

⑤校内の協力を得ることについては、実際、講座当日の朝の準備には、大人10人がかりで1時間かかりました。授業中ばかりでなく、給食準備や事務手続きや交通手段や片づけや、当日だけでも私一人では到底成し遂げられません。

〈支援を受けて〉

　この3年間、SPPの支援を受けて思ったことは次のことです。

①レゴロボットのセットばかりでなく、電気の学習で使う理科備品・消耗品をそろえていくことができました。手回し発電器・電流計・LED・コンデンサー等の数を増やすことができました。

②ロボットがコンピューターとの連携で動いていることに、子どもたちは興味を持ちました。現代社会の子どもたちだなと思いました。

③仲間との共同作業の楽しさやものづくりの楽しさを子どもたちは感じたと思います。力関係の中での仲間でなく、仲間であるから、互いの考えを尊重して一つのことをしていかなければ、ロボットが動いていかないことを実感したことでしょう。日本の「ものづくり」の素地を見たような気がしました。

④創造する楽しさが、今までの教育に欠けていたことが、はっきりと見えてきました。私自身の理科教育の方法の欠如であるかもしれません。知識の伝達だけでなく、創造する喜びを子どもたちが持つことのできる教育過程を考えていくことが、私の今後の課題です。

〈今後は〉

　金井先生が以前STEM学習について話をしてくれました。Sはサイエンス科学・Tはテクノロジー技術・Eはエンジニアリング工学・Mはマスマティクス数学です。この４分野の融合した学習の仕方があることです。今までは、グループで数値を考えコースにトライして、それぞれのグループにまかせていました。が、順序だてて数値を中心に、丁寧にステップを踏んで習得させていく教育過程にすることが今後必要なのです。昨年のチャレンジコースを例にとるならば次のようなことが考えられます。

①前進する時は、タイヤが１回転するのに何cm進むのか。
②5m前進するにはタイヤを何回転にすればよいか。
③曲がる時、どちら側のタイヤを停止させればよいか。
④直角に曲がる時、片方のタイヤを何回転させるか、また、何秒間、回転させるのか。
⑤120度曲がる時は、どうか。
⑥前に壁があった時、タッチセンサーをどうセットするか。
⑦停止を何秒間すると次の動作をするのに安定するか。
⑧バックはどの位の距離にすると、車体の走行がぶれても安全か。

　今まで子どもたちがそれぞれ頭の中だけでしていたことを、全員

がプリントに問題として書き出し、答えを出し、それをきちんと試行してから書きこんでいくという活動をしていくことです。

　セットの中に、未使用の部品がたくさんあります。それらを使えば、もっと広がったロボット走行ができるようになるでしょう。このところ原子力発電所内での日本のロボットの活躍が報道されています。生活の中で役立つことができる理科をめざして、STEM学習に取り組んでいきたいと思います。

2012年度

　2012年度のSPPに応募しました。不採択でした。発表日には皮肉にも、レゴロボットの研修会に参加していました。研修会の中でのチャレンジでは一番になりました。経験者ですから当然です。不採択については会場で係の人のアプリを見て知りました。帰り道、駅までの道々、「どうして、どうして」と自問していました。電車の中で考えた不採択の理由は次のことです。

(1)　講座のめあてに、自分のやりたいことのみを書いたことは、以前不採択になった時と同じパターンになってしまいました。事業主体がなぜ支援するのかを考えなくてはなりません。世界の中で日本が欠落していること、日本では理科が生活の中に根ざした文化に育っていないこと、また、日本の子どもたちは考えたり、創造したり、コミニケーションや発表する能力に劣ること。これらを何とかするためにJSTが支援をするのです。だからそのことについて書くべきでした。

(2)　道具を備えるために予算を使うなという主旨の注意がきがあ

りました。本校のパソコンは新しいソフトには防御装置がかかっており、レゴロボットを動かすパソコンに不自由しておりました。そこで、パソコン購入の予算立ての計画書を出しました。これがよくなかったかもしれません。こちらの主旨がうまく伝わりませんでした。

(3) 大学に行って、見学や学習することも考えていました。それを申請書に書けばよかったと思いました。また、科学館見学、工場見学を当初は考えたのですが、パソコン購入の予算立ての忙しさでその考えはいつの間にか消えてしまいました。行ったらどんなにいいだろう、社会の中でのダイナミックな科学を感じる機会になると、日頃は思っていたのに。キャリア教育の一環にすることを考えていたのに。申請書を書いている間に、自分のやりたいSTEM教育のことばかりが頭に浮かんできてしまい、すっかり抜け落ちてしまいました。

(4) 今回は、1月に県情報教育研修会での発表や、植樹の準備等々忙しかったせいもあり、申請書提出が〆切日当日になってしまいました。余裕がありませんでした。「送信」ボタンを押した瞬間、ホッとしたことを思い出します。もっと早くから準備をしていればよかったです。

これからどうしましょう。クラブ活動で取り組むという方法があります。大学の先生の来校については予算がありません。パソコンも不足するので、授業を組むには工夫が必要です。

この3年間、お世話になった大学や関係者のみなさん、また、資金援助をしてくださった独立行政法人科学技術振興機構に感謝いたします。予算の裏付けがあったからこそできた教育課程でした。

2012年度は、県青少年センターの支援を受け、レゴロボットの講座をもちました。

　2013年度は、SPPの採択を受けました。

　5年生はタッチセンサーに、6年生は光センサーでライントレースに挑戦しました。

大切にしていること

〈理科専科として〉

　最近、職場で私は「中村さんは楽しそうよね」と、笑いながら言われることが多い。給料は現役時代の数分の一程度。職員会議には出ないし、公務分掌はないので、配布されたプリントを自分でしっかりと見ていないと、朝学校に行った時に、「え、4年生は今日、社会見学なの」という日もあるような有様です。生来のズボラの結果なので、「またやってしまったあ」と、つぶやいて終わりとしています。学校は慣れ親しんだ所なので、どこに何があるのか物の置き場等は、新人よりも私の方がよく知っている場合もあります。

　クラス担任ではないので、保護者と直接話す機会もあまりありません。保護者の方から私に話しかけてくる場合は対応しますが、その他は、担任を介して伝えるようにしています。授業中に気がついた子どもたちの様子は、担任に伝えるようにしていますが、これを言うと担任が神経質になってしまうかなと思われることは聞かれない限り、私の方から言うことはありません。褒めたことは伝えるようにしています。

　ある時、授業のあとマッチの数を数えたら、1箱足りないことがありました。欠番番号で、どの班なのかはすぐ判明しました。その班のメンバーを残し話を聞きました。落ちつかない男子が一人いました。次の学習時間が始まってしまうので教室に全員帰りましたが、

釈然としません。クラスに行って、子どもたち全員に片付ける意味を話しました。しばらくして私が理科準備室にいた間に、理科室の教卓にマッチ箱が置いてあるではありませんか。マッチを返せばいいというものではありません。次の日にまたクラスに行って全員に話をしました。今度は「勇気」についての話です。自分がしてしまったことを自分から言うには勇気がいるけれども、それをしないかぎり新しい自分にはなっていけないと。

　次の日もクラスに行き話をしました。一週間後、6年生の授業のためにドライアイスを買いに行って戻ると、廊下でだれかが私を待っている様です。6年生の彼でした。聞けば担任が学級指導の時間をとってくれたようでした。彼はその後卒業まで、理科学習に対する態度は大幅に変化し、実験は的確に行い、テストは満点をとるようになりました。本気でぶつかっていったのがよかったのだと思います。担任にも感謝です。先日、バス停にいた中学生になった彼が、「先生！」とにこにこしながら手を振っていました。元気そうでした。

〈話し合い活動に向けて〉

　現役時代のようにまた理科の時間にも話し合い活動をさせたいと意気込んでいた時期がありました。在職中、宮坂義彦先生の研究会に参加していた私は、自分のクラスで行っていた話し合いの手法を、理科専科になってからも追求していきたいと思っていました。それは全員参加の話し合い活動をする授業です。事前に教材分析を充分行っていないと、空回りしてしまいます。話し合い活動をするために次の段階を踏むように気をつけました。
①座る。

②先生の声を聞く。
③先生の話の内容を聴く。
④先生の話の内容に質問をする。
⑤先生の話が了解できたら、うなずくか声に出して表現する。
⑥友達の声を聞く。
⑦友達の話の内容を聞く。
⑧友達の話の内容に質問をする。
⑨友達の話が了解できたら、うなずくか声に出して表現する。
⑩友達の話の内容に反対の場合は、自分の考えを言う。
⑪複数の友達の話を聴いて、自分の考えが変わったことを話す。また、さらに自分の考えに確信を持って深化したことを話す。

　まず、①の「座る」ができないクラスもありました。4年生のクラスで私が説明をしている時に、突然立ち上がった子がつかつかと前に出て来たのです。「先生、あの子が私をいじめます」「今何をされたのですか」「今ではありません。いつも、いじめてくるのです」「それじゃ、あとで話を詳しく聞くからね」そうして、授業後の休み時間に廊下でその子から話を聞きました。でも、次のチャイムが鳴ってしまい、私は次のクラスに行かなければなりません。クラス担任ではないので、続けて学級会にするということもできず、クラスでの課題を解決することは何もできません。その子は①の「座る」と②の「先生の声を聞く」ができていませんでした。私は子どもの心に寄り添ってあげることができませんでした。せっかく授業中に私に助けを求めて来たのに、できませんでした。クラス担任に引き継ぎました。

また、3年生が植物の観察に行こうとした時のことです。どこに集合するのかを説明した直後に聞いてみると、的確に答えられない子が数人いました。③の先生の話の内容を聞いていないのです。
　ロボットの学習で大学の先生の話の後の質問コーナーでは、「質問ができる人ほど話の内容をよく聞いている人だから、誰でもが質問をするようにしよう」と言いました。
　④については質問をした子を、すぐに褒めました。質問は、自分の今までの知識では考えにくいからこそ出てくるのですから。
　⑤については「人の話を無表情で聞かない」ように言っています。拍手をするか、うなずくか、声に出すか反応をすることを奨励しました。つぶやくことは大いに褒めました。「みんなは耳があるの？」と聞く時もあります。
　⑥については授業中に、「その瞬間に」教室の中で話をする人は一人にするということを徹底させました。
　友達が発言している時は声を聞くこと、発言する人は、全員に聞こえるような大きな声で言うことをしつこく言いました。「先生は今日、かぜを引いているのでよく聞こえなかったけど、みんなは聞こえたの。聞こえなかった人は手をあげなさい」と言ってから、手をあげてない人に、さっきの友達の発言を繰り返させます。言えなかったら、「じゃあ、君は何と言えばいいんですか」と言います。「聞こえないので大きい声で言ってください」と言わせます。
　また、友達の話を聞いていないのに、「聞こえませんでした」などと言う子には、「先生は聞こえましたよ。今、君が言うことばは違うことばでしょ」と言うと、「すみません。聞いていませんでした」と言いました。

すると私は「え、友達の話を無視してもしなければならないような大事なことをしていたのですか」と言います。「すみません。隣の人としゃべっていました。もう一度言ってください」という具合に、徹底的に私語を禁じ、学習中の友達の話を聞くことを指導します。
　３年生でこれができない場合は、「先生の話を聞くことは３年生なら当然できるはずです。３年生になったのだから、友達の話を聞くことができるようになりましょう」と、４月当初に徹底させます。
　⑦については友達の方を見て発言を聞いている子を褒めます。
　⑧については友達へ質問した場合は、その内容よりも、質問できたことを褒めます。褒めまくります。そうすると、たくさん質問が出てきます。枝葉末節の質問でも褒めます。友達に質問すると先生に褒められるんだなという快感を味わわせます。これは、３年生に有効です。
　⑨については友達の発言に対して、うなずくか拍手が出たら、すぐにそれを褒めます。この時、気をつけなければいけないことは、子どもたちは先生の表情を見て、反応することが多く、自分では友達の話の内容など聞いていないことがあるのです。あやしい場合は、「なぜ賛成なのですか」といいかげんな態度を許しません。発言する時、たいていの子は真剣に本気を出して声を出して発言しています。それに対していいかげんな態度を許してはおきません。
　子どもの発言に先生が無表情だと、子どもたちは迷いますので、先生も一緒になって、あいづちを打つようにしましたが、このタイミングが微妙です。子どもの発言を繰り返すという時間をとることがあります。「え、そうなの？」と言って、再考する時間をとるの

です。

　⑩については友達の考えには反対であることを表明する時に、自分の考えをきちんと整理しないとできません。対立意見が出るというのは、クラスの中で他の子どもたちも反対の考えを持っている時があるので留意します。また、意見が明確でない場合もありますので、対立点を整理する必要があります。

　⑪の段階に学習がいった場合には、子どもたちは本気を出してきます。

　先生に答えを求めてきても私は応じません。先生の一言ではなく、実験、観察によって、根拠になる条件を確かめます。5、6年生になると、⑪の段階の授業をすることができるようになりました。

　私は、自分のクラスなら、毎日これに取り組んでいきたいと思っていますが、理科専科ですので、少し自分で力をぬいています。

〈授業の評価〉

　肩の力をぬくと、怒ることより褒めることの方が多くなりました。「中村先生は、厳しいよ」と同僚にも言われていますが、これでも随分と自分では変わったなと思います。現役の時には校内研究会向けにも「いい授業」を模索していましたが、今は違います。「子どもたちがよろこぶ」ことを念頭においています。なにしろ、研究会のための授業はいっさいなくなり、ただ、子どもたちの笑顔だけが、私の授業への評価となったのです。全ての子が笑顔になるような授業をするのは、事前の教材研究が大切です。「できないと言われている子」ほど、私に授業の在り方を教えてくれました。

　私は退職した現在も、何のために学校で教えているのかと自分に

問えば、子どもたちと一緒に過ごすことが楽しいからです。
　私は、自分が楽しい、美しいと思ったことを、子どもたちと共有したいと思っています。自然から受ける恩恵を、この幸せ感を子どもたちにも感じて欲しいのです。子どもたちが自分の命を大切にし、生きていく力を存分に発揮して欲しいのです。自然の法則を知り、自然の恵みを受け、自分が自然の一部であることを力として身につけていって欲しいのです。そのためにまず安全に自分の命を活用し本気でその時間を生きていくことです。そのために話し合い活動を本気で行わせます。こういうと、体に力が入ってしまって疲れてしまうと思うかもしれませんが、力まなくても、静かな心でも、本気は出ます。
　ただ単に授業をこなしていくのなら、私が学校に来る理由はありません。誰も私に強要していないのですから。私は自分が楽しめることをやりたいのです。

〈花を育てる〉
　今回、「人権の花運動」のために町の予算がつきました。全校で植物を育てることにしました。1、2年生は秋に花咲く植物。3年生はヒマワリ。5、6年生は植樹に向けてクリを育てています。4年生はカボチャ、ヒョウタンなどの雄花、雌花がある野菜や、オカワカメ、シカクマメ、エアーポテトのような草丈が大きくなる、つる植物を育てることにしました。
　つる植物で快適でエコなグリーンカーテンを作ることを子どもたちと体験したいと思いました。やり方は、まずプランターに、網戸の網を買って来て、プランターの底の大きさに合わせた形に切り、

底に敷きます。その次に、排水性をよくするために大玉の赤玉土を入れました。その上に花用の土20ℓを1袋入れ、中程にワラを入れて保水性を図りました。これで土づくりは終わりです。種はまいたら上から土をかぶせました。苗はプランターに数個にしました。7月に植えました。水やりをして、9月には草丈が伸びました。エアポテトは、空中にむかごをつけてきました。
　オカワカメ、シカクマメも草丈が伸びました。カボチャは地面植えで近くのフェンスをはっていました。夏休みに子どもたちが家庭で育てたゴーヤやウリも大きくなったとの報告がありました。オカワカメはあまり横に広がらず半日陰で上へ上へと伸びて3階の窓のあたりで花を咲かせていました。シカクマメは水色の花が咲きました。マメ科のあのかわいい花です。エアーポテトは枝分かれしたつるが横にはっていき、数cmのむかごを数10個ぶらさげていました。
　けれど困ったことがおきました。「ユウガオ」に花はつきましたが、カンピョウにする実がなりませんでした。種屋さんに電話すると、パッケージに花の写真がついているのは花を観賞するユウガオで、カンピョウにするユウガオには、実の写真をのせているということです。私の購入したユウガオは調べてみると「ヨルガオ」でした。私は子どもの頃にユウガオはカンピョウができることを体験していましたが、花を観賞するだけのユウガオがあることを知りませんでした。それでグリーンカーテンの本を読み返してみると、「実がなるユウガオ」とはっきりと記してあるではありませんか。注意力が足りませんでした。このヨルガオの種で育てた苗を夏休みに持って帰った子どもたちは、混乱をきたしていました。雄花、雌花がつかないで、アサガオのようになってしまったのです。カンピョウ

作りができると思っていた私も、がっかりです。次の年にはジネンジョのグリーンカーテンに取り組みました。

　また、夏休み明けにカボチャを見てみると６本植えたはずの苗が４本になっていました。雄花用の苗がなくなってしまいました。畑を耕した先生が草刈り機で草を刈る際に、カボチャのつるも一緒に切ってしまった様でした。草ぼうぼうの畑にしていた私が悪かったのです。草とりは、後でまたやろうと思う心がけがいけないのです。小さいうちに草とりをしないと、一週間後には、とんでもない草丈になっています。

〈Ｐ君のこと〉
　Ｐ君は４年生の12月から５年生の９月まで「月」の自由研究をしました。

　毎日、新聞の「今日の天気」の「月の出・月の入、日の出・日の入」のコーナーを切りぬき、月の出ている時間と太陽の出ている時間を計算したのです。そこで疑問に思ったことを観察しました。初めは計算の仕方を誤ることがありました。月の出ているのが２日間にまたがることがあるからです。また、月が出ない日もあり、「どうしてかな」と思ったようです。グラフにするときれいな曲線が現れました。Ｐ君の疑問は次のようです。
① 11月27日から12月26日までの月の出た日の数は30回である新月から新月までは何日間なのか。
　（答）新月から新月まで29日間だったり、30日間だったりする。なぜか。
② 12月21日は日の出が遅く日の入りが早いのだろうか。

（答）日の出が1番遅かったのは、1月2日から1月13日であった。その日を過ぎると日の出は少しずつ早い時刻になっていく。12月21日の日の出が1番遅いとは言えない。

③満月の時は、いつも月の出ている時間が長いのだろうか。新月の近くは、いつも月の出ている時間が短いのだろうか。

　（答）

満月	12/21　1/20　2/18　3/20　4/18
月が出ている時間が長い日	12/21　1/17　2/14　3/13　4/9
新月	12/6　1/4　2/3　3/5　4/4
月が出ている時間が短い日	12/6　1/2　1/30　2/20　3/26

　満月の日は、月が出ている時間が長いとは言えない。新月の頃は月の出ている時間が短いとは言えない。

④太陽の出は朝で、入りは夕方である。月の出はいつなのか。
　（答）月の出は朝の時も夕方の時もある。月の出ない日もある。下弦の月の頃である。月の入りは朝の時も夜の時もある。月の入りがない日もある。上弦の月の頃である。

⑤月の出の時刻が毎日違う。次の日の月の出の時刻は、どのように違うのか。
　（答）4/13と4/14を比べると、月の出の時刻は1時間38分遅い。月の入りの時刻は37分遅い。

⑥月の出ている時間が短い日は、月の高さはどうなっているのか。

⑦グラフ5、6、7、8を見ると、新月の頃の月の出ている時間が太

陽の出ている時間と同じくらいになっている。
　（答）新月の頃は月の動きが太陽の動きと同じような方向に動く
　　　ので、新月になるのだと思う。
⑧4月、太陽の出ている時間は、長くなっていくのだろうか。
⑨同じ時刻に月を見ると、満月の頃は低い位置にある。4/14と
　7/14に同じ時刻に月を見たら、月の高さが違っていた。

　P君は、月と太陽のコーナーの切り抜きをして、グラフを書くことにより、たくさんの疑問を持ちました。最後のまとめ方が雑であったためかコンクールでは入賞しませんでしたが、毎日計算をし、グラフを10個書き、月の観察、太陽の観察を行ったP君に、私は大きな拍手を送ります。11月から9月までの10カ月間、月のことを考え続けました。この素直な気持ちで今後も学習に取り組んでいってほしいと願っています。

〈県青少年センターの研修で〉
　町費教員の立場にある私には、教育委員会からの研修会参加の要請はきません。そこで、自分で行きたい研修会に行くようにしています。今まで「植樹」「海の生きもの」の宿泊研修、付属小の授業研究会、理科全国大会、市理科研究校の発表会等に参加してきました。今回、県青少年センターの「おもしろ実験講座」に参加しました。休日に10回行われました。その講座のなかで特に「燃焼」の実験について、取り組みました。私は「燃やす時に必要なこと」にテーマをしぼって講師のプリントに沿って、次のような流れで提示することにしました。

①物を燃やす時に必要な要素は3つある。燃える物・熱・空気（酸素）
②個体は燃えるのか。鉄釘やスチール、ウールはどうか。粉はどうか。細かくすると燃えやすい。
③液体は燃えるのか。エタノールはどうか。エタノールを霧にするとどう燃えるのか。→すごく燃える。
④カンの中にエタノールを入れて振り、ガスマッチの火を近づけると、蓋をした三角錐の筒は、どうなるか。そのまま、また火を近づけても、三角錐の筒が飛ばないのはなぜか。燃えた後の空気に点火しても燃えない。
⑤筒の中の空気を入れ換えて点火すると燃えるのはなぜか。初めの空気中では、よく燃えるが、一度燃やした空気中では、燃えなくなる。燃やすには、空気が関係している。
⑥気体は燃えるのか。洗剤をお盆に流し、水素のシャボン玉を作り、点火するとどうか。水素と空気のシャボン玉ではどうか。水素と酸素のシャボン玉では、どんな音がするのか。→更に音が大きくなる。
⑦水素と酸素の割合を2対1にして入れたビニール袋からチューブにそのガスを吸引して、火花で点火するかどうか。空気中には酸素が1/5ほどある。

（水素と空気）より（水素と酸素）の方が、よく燃える。
・「燃やす」には酸素が必要であるが、酸素のシャボン玉に点火するとどうなるか。
→燃える三要素のうちの酸素と熱はあるが、「燃やす物」がこの場

合はないので、燃えない。

　実は一学期に行った6年生の「燃焼」の単元では、燃える前に酸素は21％、二酸化炭素は0.03％、燃えた後は酸素17％、二酸化炭素は3％になるという割合に重点を置いたため、燃焼の3条件についての子どもたちの理解が不十分になったかもしれないという気がしていました。指導書では、「〈燃えても酸素は全部なくなったわけではない。燃えるに適した空気中の酸素の割合がある〉ということに留意するように」とあります。気体検知管をかわるがわる全員に体験させることはできたのですが、燃焼の3条件について、不徹底になってしまったのは否めません。研修に行くと、自分の授業の反省をすることができます。独りよがりにならないためにも研修には行った方がいいと思いました。

〈え！　あれ！　の次にくるもの〉
　この燃焼実験をした時の子どもたちの反応は次のようでした。4年生は、ただ啞然としていました。それでも続きの実験を見せてほしいと言いました。5年生は、私が実験中に「どうしてかな？」と問うと、たくさんの考えを言っていました。この授業は5年生向きなのかなと思いました。しかし、その後の4年生が、「またあの実験を見せてください」と言ってきました。それを考えると、「え！
　あれ！」と驚く体験こそが大切で、それは「追求」する楽しさの源になるのだと思います。この「え！　あれ！」が次の「どうして？」になり、「調べてみよう」ということへ繋がっていくのだと思います。そのために、実験を見せる者は実験が上手であるこ

とが大事です。実験内容をよく理解し、子どもたちにわかりやすく提示していくことが求められるのです。実は、一回目は、実験道具が揃っていなかったので、缶ロケットのところまでで、終わっていました。それで、放課後に道具作りにいそしみました。「先生、あの実験の続きをやってください。」という子どもたちの声におされて、実験道具を作っているときはワクワクした幸せな時間です。また「え！　あれ！」って、驚かせると思うと楽しいのです。

〈授業のねらいが達成できなかった日〉

　授業のねらいが達成できなかった日を思い起こすと、原因は、初めからの布石がありました。４年生の授業での時のこと、私が話をしているときに、机の上のセットに気をとられている子がいました。一度は注意すると、手いたずらは止めました。しばらくすると、また手いたずらを始めました。ほとんど私の話を聞いていない状態です。その後、場所を移してグループ実験をしました。彼は初めてさわった巻き尺に気をとられて、グループ学習に参加することができませんでした。そればかりか、巻き尺を彼に占領されてしまったそのグループは、時間切れになってしまったということでした。二階の廊下全部を使って、走る車の実験をしていたので、私がそこのグループにばかりいるわけにはいかないのです。この日の失敗の原因は、初めに彼の手いたずらをしっかりと止めさせられなかったことにあります。彼はあの時から、好き勝手にやってもいい時間を過ごしていたのです。

〈安全な学校生活〉

　長野県の、ある小学校6年生の授業ビデオを見て、このクラスは事故など起きないと確信したことがあります。なぜなら、国語の時間に、全員が真剣に話し合いをしている様子が、ビデオの中にありました。学習に真剣に取り組んでいるクラスは、事故や失敗は起きにくいと思います。互いに研鑽していく文化が、クラスの中にできているからです。一人ひとりが、今自分が何をすべきなのかがわかっており、そうすることが幸せにつながる事を常に感じているからです。自分とクラスのみんなが全力を出しきって、安全に生きる姿勢が身についているのです。それは、休み時間でも、給食の時間でも、清掃の時間でも同じです。安全な学校生活は、教師が授業をいかに真剣に追求する姿勢をつらぬいているかにかかっていると言っても過言ではありません。

〈温度と体積〉

　4年生は単元「温度と体積」で、久しぶりの理科室での実験でした。試験管の口のところで洗剤の膜を作り、試験管を湯に入れたり、水に入れたりして、膜がどうなるかを見ました。次の回には、試験管の口にコルクの栓をして湯につけてみました。ポンポンと栓がとび、子どもたちは大喜びです。温度が上がると気体の体積が大きくなるということが、実感を伴って理解できました。次に試験管に水を満たして、試験管を湯につけるとどうなるかを聞きました。空気と同じで温度が上がる、水の体積も大きくなると思う、という意見が出ました。実験は空気の場合と同じように、湯に入れて行いました。実験結果は、はっきりしませんでした。体積が変化したグルー

プと、変化しなかったグループが出てしまいました。

〈課題を解決しよう〉
　それなら、どう実験したらよいか、考え合いました。
　〈何が問題かを考えよう〉温度変化がよくわかるように、温められる水の容積を、大きくすればよいという考えが出ました。
　①容器の下の方を太くする。　　　4人
　②容器の上に方を太くする。　　　23人

　②については、上の方が太ければ、よけいに変化がわからなくなるからだめではないか、という意見が出ました。では、やってみようということで、まず①をやりました。三角フラスコにゴム栓とロートをさして、お湯につけました。水をゴム栓の少し上のロートの細い部分の下の方まで入れておきました。すると水の表面は、ロートの細い部分を下から上へ動いていきました。体積は増えていくのが目に見えました。②については、やりませんでした。なぜなら、変化を見る部分を細くした意味が、子どもたちは実験を通してわかったからです。①を予想した人数は少なかったので、②を行う意味はなくなりました。人数に着目するのではなく、何を考えさせるかに留意することが大切です。
　次に金属はどうかを考えました。金属球と金属の輪を使い、金属の輪の方をお湯に入れると、金属球は通るのかを考えました。フライパンをあたためても大きくはならないから、金属の輪に金属球は入らないという考えと、空気や水と同じように金属も温度が高くなると、体積が大きくなるから通るようになる、という考えが出まし

た。お湯の中に輪の方だけ入れても、金属球は通らないとたくさんの子どもが言っていました。しかし、12班中1つの班は輪に球が通りました。

〈問題解決の方法を考える〉

　「どうしたらいいだろうか」と考え合いました。金属輪を加熱する温度をもっと上げたり、もっと温度を下げればはっきりするのではないかということで、湯ではなくアルコールランプで加熱しました。球は氷水で冷やしました。結果、球は輪を通りました。実験道具を片付けながら、ある子が「先生、氷やアルコールランプを使うとは思っていなかったでしょう」と私に得意そうに言ってきました。実はその日のガス湯沸かし器のお湯の温度は、低め（50℃）にしてありました。また、氷は冷凍庫にたくさん用意し、アルコールランプも出せるように用意してありました。しかし、子どもたちは自分たちで実験方法を考え、それを実証したという流れなので、子どもたちはとてもよい気持ちになっていました。後片付けも積極的に行っていました。このように、実験方法も子どもたちが考え、そこから問題を解決していくことが、理科を楽しくすることにつながるのです。

安全

〈科学実験をする時に〉

　ある年、他校の公開授業研究会に参加しました。6年生の水溶液の単元で、塩酸とアルミニウムの反応の実験です。1対1の濃度に薄めたということでした。この塩酸を子どもたちが、狭い通路を運んでいました。試験管を斜めに持って観察している姿に、大丈夫かなと不安を感じました。アルミニウムは10分後ぐらいに塩酸に溶けて、見えなくなりました。アルミニウムはどこにいったのか、考えることになりました。私も若い頃に、濃い塩酸の方が、結果がはっきりわかるので、あまり薄めない方がいいと思っていた時期がありました。しかし、塩酸が子どもの髪の毛にかかったり、指の色が変わったのを見た時に、ぞっとしました。自分自身が大学生の時に、濃硫酸を加熱する実験でやけどをした事を思い出しました。結果をはっきりさせるという理由で、小学生が濃い塩酸を使うことは止めるべきです。今回は大勢の大人がいたために、事故は起きませんでしたが、何かの不注意で事故が起きた場合の、子どもの心への影響が大きいからです。「実験は怖い」という印象が残ってしまったら、せっかく取り組もうとしていた心がくじけてしまいます。科学への芽をつんでしまいます。小学生は、まだ技能がそれほどありません。この実験では、私はアルミフォイル箔を入れるか、小さいアルミ片を入れて時間をかけて観察するようにしています。

〈生きていく力〉

　生きる力や自立する力を育てようと、近年言われていますが、それはよりよく生きるという意味合いと同時に、まさしく命を守り、安全に生きていくという意味もあるのです。教えたい内容に、早く近づきたいばかりに、命や安全をおろそかにするのは、学校教育からはずれています。また、この実験では、アルミニウムを塩酸に入れると、アルミニウム片が見えなくなった時に先生は、「アルミニウムは、水中、空気中のどちらにいったのか。」という発問をしていました。しかし、この場合「アルミニウムはどうなったのだろう。」という発問の方が適切だと思います。なぜなら、食塩の場合には、水に入れると食塩が見えなくなります。小さい粒になって見えなくなりますが、加熱すると、また食塩が出てきます。5年生での食塩の学習は、見えなくなった食塩は、どこへいったのかと考えさせます。しかし、今回アルミニウムを塩酸に入れると、アルミニウム片が見えなくなるのは、塩化アルミニウムという別の物になるからです。同時に水素気体として出て行ってしまうので、見えなくなった後にアルミニウムとして存在しません。ですから、先の発問は子どもたちを混乱させるだけです。子どもから次の実験課題を考えさせる時にも、指導者がきちんとした教材研究をしていないと、あらぬ方向へと行ってしまいます。理科で何を教えようとしているのか、何を学ばせたいのか、子どもの発言や、子どもの考えた問題に添いたいという気持ちは大切です。しかし、自然科学の体系につながるように、心がけることが大切です。子どもが言ったから何でも取り上げるという事ではないと思います。

〈安全な指導をするために〉
　学校は子どもたちの命を時間を区切って預かっています。命があってこそ、教育ができるのです。理科の時間には、安全に過ごします。実験が成立しない学級状態の時には、実験はしません。その日には、なぜ理科室で実験をしないのか、気づかせます。普通教室で静かにお話をして、終わりにします。しかし、これを何回もやっていると、理科嫌いが増えていってしまいます。集中して実験できない数人がいる場合には、教卓の近くに呼んで、実験を特別に見せることがあります。集中しないのは、話をよく聞いていないため、手順がよくわからないことが多いからです。集中しない子を他の子どもたちの力でカバーしようとしても、非集中が伝染してしまうことが多いです。また、注意をすると言い訳ばかりするか、謝ってもまたまたおしゃべりをし始める子がいます。こういう場合にはすぐにダメ出しをしないと、クラス中がどんよりしてしまいます。
　理科の実験が、息抜きの時間になるのは残念です。時間がもったいないし、準備した苦労が無駄になるばかりでなく、安全でなくなってしまいます。場所を外に移動する時には、一応の説明の後にもう一度確認をします。そうしないと、集合場所を間違える子が出るからです。短時間で移動ができるように、「口チャックで一人ひとりで移動するのがいいか、並んで行く方がいいのか」と選択させると、必ず一人ひとり静かに移動する方を選びました。また、移動先の集合の隊形も事前に言っておきます。そうすると、私が到着する前に、きちんと集合していました。屋上に移動する時には、並んで移動します。移動の前に屋上での過ごし方の注意をします。近隣の小学校での事故のことや、「楽しい学習」とはどういう事かを考え

させます。また、屋上に行く時には必ずもう一人補助をお願いして、2人体制にします。また、学校外に出る時も複数体制にします。校外に出ると、子どもたちの気分が開放的になり、さらに注意が必要です。ルールを守ることを徹底させ、移動時間を短くするように気をつけます。安全な指導をするには、その時点での注意喚起が必要であることはもちろんですが、もっと大事なことは、学習に対する態度の育成を日頃から行っておくことです。いや、生活態度と言っても過言ではありません。今、何を自分がすべき時間なのか、自分をごまかすことなく、「楽しい」を追求しているかどうか、子どもたちに要求していくことです。それには、授業の組み立てや内容の吟味は不可欠です。普段の授業こそが勝負です。授業の中で〈学ぶことは「楽しい」〉ということを子どもたちは体得していくのです。自分に真剣に対峙する学習の中で、子どもたちには、真剣に「楽しさ」を追求する気持ちが育っていくのだと思います。それにはまず教師がリラックスして、ゆったりと考える時を持つことが重要なことです。ギスギスした生活の中から、いい授業の計画は生まれません。そうなると、教師自身がどういう生活をしているのか問われてしまいます。

　今、これを書いている部屋の前のグリーンカーテンのゴーヤの蔓が、朝のそよ風に揺れています。蔓は絡まる先を探しているようです。私の毎日も「探す」毎日です。

あとがき

　私の生家は農業をしていました。にわとりは数十羽いて、にわとりのエサやりが私の小学生の時の役目でした。菜っぱを細かく切り、海岸で拾った貝をつぶして、エサにまぜました。卵の殻を丈夫にするためです。生んだばかりの卵を手にした時のあたたかさは忘れることがありません。牛は十数頭いました。おし切りで、エサの草を切るのですが、ある時の夕方、自分の指を切ってしまいました。幸いにも一皮でつながっていました。父がとんで来て、牛に使っている薬で消毒してくれました。牛にきく薬は私には強烈なものでした。
　また、学校から帰って父母が家にいない時には、畑だなと思い、お宮様の裏の畑に行くと、お茶を飲んでいたりしました。遠くの東京湾に大きな船が行くのが見えました。母が童謡の「みかんの丘」を口ずさんでいました。草捨てを手伝ったりして、帰り道ではリヤカーに乗せてもらえました。農業を本格的に手ほどきされたことはありません。
　ただ、自然の中で生きる父、母の姿を見て育ちました。自然の中で生きることが普通の生活でした。
　5、6年生の担任の先生は、理科が好きな先生でした。今でも覚えているのは、「たんぱく質」の実験です。その前にデンプンの実験があり、美味しいものに、デンプンがあるのだなと私は思いました。たんぱく質も美味しいものにあるはずだと思い、好きな「海

苔」にもたんぱく質という栄養があるはずと思い、家から海苔を持って行きました。友達は、卵を持って行ったりしていました。私の予想は打ち砕かれました。卵も、ちょっと頭をかすめたので、卵を持って行けばよかったと思いました。

　また、社会の歴史の時間に、歴史に登場する政治家について先生は話していました。その時、私がノートに書いていたのは、「百姓こそが歴史を作った」という一文です。自分ではそう思ったのに、ついに先生には言えませんでした。でもこのページは、何回も自分で見返しました。小学校では、この疑問は解決しませんでした。70歳近くになり、今、あの時に思ったことは正しいのではないかなと思います。なんともない小さい頃の日常の生活が、人生の生き方を形づくっていくのだと思います。中学校・高校時代に理科の先生にかわいがってもらいました。大学は化学科に属しました。卒業後、県工業試験所に勤め、その後教職に就きました。

　退職後、「かながわ県農業アカデミー」の学生になりました。毎日５時間の行き帰りで、寝たと思ったら起きる時間が来る、という生活でしたが、毎日がワクワクの連続でした。講師陣は、専門家ばかりで、肥料は農薬化学、土壌学は地学、気象は地学、害虫や栽培は生物学、機械は物理学、技術学等の学習をしている気分になりました。この無料で農業を教えてくれるシステムに感謝しています。

　小さい頃から今まで、私を育んでくれた人々や社会に恩返しのつもりで、今、孫のような小学生に接しています。彼らが、できなかったり、悪さをしても、現役時代のような怒りは湧いてきません。

　子どもたちが、何でそうなっているのか、そうさせないために、私に何ができるのかを思うようになりました。

力まず、力を抜いて、子どもたちを見ると、私を育んできてくれた大きな力が見えてきました。お彼岸に祖母と二人でお花とおはぎを持って、道々のお地蔵様にお供えして歩いた、幼い日のあの幸せ感が、今も私の教育観の基になっているのかなと思います。上宮田から野比までの野の道を、朝から日が暮れるまで歩きました。一日で終わらなくて、二日間かかった年もありました。最後に余ったおはぎを食べられることも嬉しかったです。生活が、自然と一体となっていました。生きることは、地域と密着していました。お彼岸の日差しの中で、祖母と話しながら歩いた、あぜ道の風景が今も好きです。頬を撫でていく風の感触が好きです。それで今でも、外で子どもたちと学習することが多いのかもしれません。

ロボット講座では、当初、関東学院大学の小松先生をはじめ、たくさんの方々にお世話になりました。

その後、SPPの2年目の時、子どもたちの思考力を伸ばす活動が必要とのしばりが出てきました。どうしたものかと悩んでいた時に、業者の方からレゴロボットの利用はどうかとの提案があり、そのやりとりのなかで、レゴロボットで活躍されている金井先生のことを知りました。そして、SPPの採択を是非受けたいという私の思いから、神奈川工科大学の金井先生をお訪ねし、ご指導いただくことになりました。

また、下山川を中心とした周辺の生物との共存や、植樹学習等の環境への取り組みにあたっては、地域の皆さんや公益社団法人日本下水道協会等から、たくさんのご支援をいただきました。

ロボット学習にせよ、環境学習にせよ、予算の裏付けがったからこそできたことですが、それにもまして、地域をはじめたくさんの

関係する皆さんのお力添えと、温かいまなざしがあったからこそ勇気をもって、自信をもって取り組むことが取り組むことができました。ありがとうございました。

〈著者紹介〉
中村享子（なかむら たかこ）
1944（昭和19）年　神奈川県生まれ。
横浜国立大学教育学部化学科卒。
神奈川県公立小学校教員。
退職後、かながわ県農業アカデミーの学生となる。
2009年4月から、元勤務小学校で理科専科となる。

理科大好き──生きる力が育つ授業

2014年6月20日　初版第一刷発行

著　者　中村　享子
発行者　斎藤　草子
発行所　一莖書房
〒173-0001　東京都板橋区本町37-1
電話 03-3962-1354
FAX 03-3962-4310

組版／四月社　印刷・製本／日本ハイコム
ISBN978-4-87074-189-8 C3337